NS-Täter in der
deutschen Gesellschaft

Joachim Perels / Rolf Pohl (Hrsg.)

NS-Täter in der deutschen Gesellschaft

Mit Beiträgen von Kerstin Freudiger,
Jan Lohl, Joachim Perels, Rolf Pohl,
Jason Weber und Irmtrud Wojak

Diskussionsbeiträge des Instituts für Politische
Wissenschaft der Universität Hannover Band 29

Herausgegeben von
Michael Buckmiller, Joachim Perels und Gert Schäfer

http://www.offizin-verlag.de

ISBN 3-930345-37-4

© Offizin-Verlag, Boedekerstr. 75, D-30161 Hannover
fon: 0511-807 61 94
fax: 0511-62 47 30
Umschlaggestaltung: freestyle Grafik, Hannover
Satz: Oliver Heins
Druck: unidruck, Hannover
Alle Rechte vorbehalten, insbesondere das des öffentlichen
Vortrags, der Rundfunkübertragung und der Fernsehausstrahlung,
der fotomechanischen Wiedergabe, auch einzelner Teile.
Erstausgabe, 2002
Printed in Germany

Die deutsche Bibliothek - CIP-Einheitsaufnahme

NS-Täter in der deutschen Gesellschaft / hrsg. von Joachim
Perels und Rolf Pohl. Mit Beitr. von Joachim Perels .... -
Hannover: Offizin-Verl., 2002
  (Diskussionsbeiträge / Institut für Politische Wissenschaft
an der Universität Hannover; Bd. 29)
ISBN 3-930345-37-4

Inhaltsverzeichnis

Vorwort 7

Irmtrud Wojak
Eichmanns Memoiren und die »Banalität« des Bösen . . . 17

Jason Weber
Normalität und Massenmord. Das Beispiel des Einsatzgruppenleiters Otto Ohlendorf 41

Rolf Pohl
Gewalt und Grausamkeit. Sozialpsychologische Anmerkungen zur NS-Täterforschung 69

Kerstin Freudiger
Die blockierte Aufarbeitung von NS-Verbrechen in der Bundesrepublik 119

Jan Lohl
Gefühlserbschaften. Zur Sozialpsychologie der intergenerativen Weitergabe des NS-Erbes 137

Autoren 167

Vorwort

Die Täter und ihre Rolle im nationalsozialistischen System der Staatsverbrechen ist in der Bundesrepublik lange Jahre unzureichend wahrgenommen worden. Diese Tendenz setzt sich zum Teil bis in die Gegenwart fort. Die deutsche Nachkriegsgesellschaft, die, ungeachtet des verfassungsrechtlichen Bruchs mit dem NS-System, durch die weitgehende Kontinuität der administrativen, judikativen und ökonomischen Herrschaftseliten der Diktatur bestimmt war, bildete eine Fülle von Abwehrmechanismen heraus, die das Wirken des nationalsozialistischen Mordsystems, in dem 12 Millionen Menschen – Juden, sowjetische Kriegsgefangene, psychisch Behinderte, Sinti und Roma, Einwohner der besetzten Länder, politische Oppositionelle und viele andere – um ihr Leben gebracht wurden, strukturell verzerrten oder der Wahrnehmung entzogen. Verdrängungen, Verleugnungen und Verharmlosungen zum Zwecke der Schuldabwehr dominierten in der Gesellschaft.[1]

Die erste Regierung der Bundesrepublik betrieb unter dem Vorzeichen der Wiederbewaffnung eine Politik der Begnadigung von Staatsverbrechern, die den Blick auf die NS-Taten nachhaltig prägte. Der Regierungschef Bundeskanzler Konrad Adenauer und der ebenfalls der CDU angehörende Staatssekretär im Justizministerium, Walter Strauß, erklärten, die in den Nürnberger Nachfolgeprozessen der USA verurteilten Mörder der Einsatzgruppen, der Wehrmacht, der Ärzteschaft, der Justiz, der Bürokratie seien überwiegend nicht als Verbrecher anzusehen.[2] Aus dieser interessengeleiteten Umdeutung der geschichtlichen Tatsachen folgte, daß der größte Teil Täter nachträglich in bloße

---

[1] Vgl. die klassische und immer noch unwiderlegte sozialpsychologische Untersuchung zur Aufarbeitung der NS-Vergangenheit von Alexander und Margarete Mitscherlich, Die Unfähigkeit zu trauern. Grundlagen kollektiven Verhaltens, München 1967.

[2] Norbert Frei, Vergangenheitspolitik. Die Anfänge der Bundesrepublik und die NS-Vergangenheit, München 1996, S. 27, 247 u. 271.

Randfiguren des Regimes verwandelt wurden. Dabei geriet ihre Verankerung in den tragenden Schichten der nationalsozialistischen Gesellschaft fast vollständig aus dem Blick.

Die bis in die 60er Jahre hinein reichende Ausblendung des Zusammenhangs von NS-Herrschaftssystem und Gesellschaft hat zur Konstruktion eines Gegensatzes zwischen NS-Führung auf der einen, Wehrmacht, Justiz, Wirtschaft und Kirche auf der anderen Seite geführt. Dies hatte für die einst mit dem Hitler-Regime verbundenen Funktionseliten eine wichtige entlastende Wirkung. Die Frage nach ihrem Anteil an der Zerstörung liberaler und demokratischer Rechtspositionen wurde aus dem öffentlichen Diskurs weitgehend verbannt.[3]

Dieser politisch und gesellschaftlich vorherrschende Umgang mit dem NS-System schlug sich besonders nachhaltig in der Rechtsprechung zu den NS-Gewaltverbrechen nieder. Die gängige Auffassung über die – vorgebliche – Funktionsweise des NS-Regimes wurde in der überwiegenden Zahl der Prozesse zur Grundlage der Entscheidungen gemacht: Als verantwortliche Täter erscheinen stereotyp überwiegend nur Hitler, Himmler und Heydrich, während diejenigen nationalsozialistischen Funktionsträger, die die Morde befahlen und selber ausführten, als unselbständige, bloße Befehlsempfänger galten. Die Entwirklichung der Taten und die Entlastung der Täter ging so weit, daß dem SS-Obersturmbannführer und Leiter des Einsatzkommandos 8, Otto Bradfisch, der für den Tod von 15 000 Juden verantwortlich war, vom Landgericht München 1961 attestiert wurde, es fehle ihm »an Anhaltspunkten für die eigene feindselige Einstellung (...) zur Judenfrage«.[4] Daß die Vernichtung von schuldlosen Menschen aus Rassenwahn die äußerste Form von Feindschaft zum Ausdruck bringt – dafür stellte sich das Gericht blind.

---

[3] Vgl. zur Rekonstruktion des Umgangs mit der Vergangenheit in der Anfangsphase der Bundesrepublik im Zeichen von »Schlußstrich«-Forderungen, die auch unter aktuellen Gesichtspunkten ausgezeichnete Arbeit: Norbert Frei, Vergangenheitspolitik. (Anm. 2).

[4] Christiaan F. Rüter u. a. (Hg.), Justiz- und NS-Verbrechen. Band XVIII, Amsterdam 1997, S. 705; Bettina Nehmer, Täter als Gehilfen? Zur Ahndung von Einsatzgruppenverbrechen. In: Redaktion Kritische Justiz (Hg.), Die juristische Aufarbeitung des Unrechts-Staats, Frankfurt am Main 1998, S. 635 ff.

In der Forschung von Emigranten hatte sich schon früh, ohne daß davon in der Bundesrepublik bis in die 60er Jahre ernsthaft Notiz genommen wurde, eine Analyse des NS-Systems entwickelt, die den Zusammenhang von nationalsozialistischer Politik und der Kooperation tragender Schichten des Regimes gerade auch bei der Vorbereitung und Ausführung der großen Verbrechen ins Zentrum rückte. An Franz L. Neumanns bahnbrechende Untersuchung des nationalsozialistischen *Behemoth*[5] (1942/44), die das Elitekartell von Partei, Staat, Wehrmacht und Wirtschaft als Herrschaftsgrundlage des Regimes kenntlich machte, knüpfte Raul Hilberg mit seiner bis heute grundlegenden Gesamtanalyse der Vernichtung der europäischen Juden an, in der die verschiedenen verantwortlichen Funktionsträger des gesellschaftlichen und staatlichen Systems empirisch genau dargestellt werden. In seiner Untersuchung *Täter, Opfer, Zuschauer* entwickelt Hilberg eine differenzierte, historisch spezifizierte Typologie der Täter und Tätergruppen, zu denen u. a. Hitler, die am Massenmord beteiligten Ministerien und Ämter, alte Funktionäre und neugewonnene Anhänger, Fanatiker, Rohlinge und seelisch Belastete sowie Ärzte und Juristen gehörten.[6]

Inzwischen liegen eine Fülle neuerer Arbeiten zur Rolle der Täter, vor allem am Prozeß der Ermordung der Juden vor. Besonders wichtig sind die Studien von Ulrich Herbert und Michael Wildt über die Funktionsträger des Reichssicherheitshauptamts und über dessen strategischen Kopf und Justitiar Werner Best.[7] Henry Friedlander schließlich, der den Weg *Von der Euthanasie zur Endlösung*[8] eingehend untersuchte, arbeitet die Motivationsmuster der am Anstaltsmord beteiligten Funktionsträger auf

---

[5] Franz L. Neumann (1942/44), Behemoth. Struktur und Praxis des Nationalsozialismus 1933–1944, Frankfurt am Main 1977.

[6] Raul Hilberg, Die Vernichtung der europäischen Juden (1961), 3 Bde., Frankfurt am Mein 1990; ders., Täter, Opfer, Zuschauer. Die Vernichtung der Juden 1933–1945, Frankfurt am Main 1996.

[7] Ulrich Herbert, Best. Biographische Studien über Radikalismus, Weltanschauung und Vernunft 1903–1989, Bonn 1996; Michael Wildt, Generation des Unbedingten. Das Führungskorps des Reichssicherheitshauptamtes, Hamburg (Hamburger Edition) 2002.

[8] Henry Friedlander, Der Weg zum NS-Genozid. Von der Euthanasie zur Endlösung, Berlin 1997.

einer fundierten Quellenbasis heraus und kommt zu dem über diese Tätergruppe hinaus geltenden Schluß: das Zusammenwirken von Karrierismus *und* nationalsozialistischer Überzeugung gehört zu den wesentlichen Bedingungen für die systematische Beseitigung des Tötungsverbots. Deutlich wird damit, entgegen der vorherrschenden Sicht, daß die völkisch-ideologischen Antriebe ein zentraler Faktor der Strategien zur Vernichtung der psychisch Behinderten und der Juden waren. Mit diesen Antrieben sind bestimmte irrationale Wahrnehmungsweisen und Affektlagen verbunden, die in der verbreiteten Etikettierung der Täter als »normal« weitgehend unterschlagen werden.

Auf dem zweiten »Dachauer Symposium zur Zeitgeschichte« im Oktober 2001 wurde die Frage nach der »Normalität« der NS-Täter und ihrer Verbrechen unter der problematischen Alternative, »ganz normale Männer« versus »fanatische nationalsozialistische Weltanschauungskrieger«, diskutiert.[9] Klaus-Michael Mallmann, der die Sicherheitspolizei und ihre Rolle bei der Judenvernichtung untersuchte, schätzt den Anteil von »Exzeßtätern« auf etwa fünfzig Prozent. »Exzeßtaten« unterscheiden sich in Herbert Jägers klassischer Tätertypologie von »Befehlstaten« und »Initiativtaten« dadurch, daß sie ohne Befehl, aus eigenem Antrieb erfolgen.[10]

Die Einschätzung Hans Mommsens geht in eine ähnliche Richtung: »Die jüngere Forschung über die Judenverfolgung in Galizien, in den baltischen Ländern und in Weißrußland zeigt eindrucksvoll, daß neben der generell antisemitisch-antibolschewistischen Aufladung ein extremer Zynismus und hemmungslose Gewaltbereitschaft für die Gruppe der Täter bestimmend gewesen ist.«[11] Insofern sind erhebliche Zweifel an der inflationären Zuschreibung des Normalitätsbegriffs für die NS-Täter angebracht.

Die Rolle der Täter wird jedoch in jüngster Zeit auch an-

---

[9] Thomas Köhler, Das können wir auch allein. Wie wird der Massenmord normal? Eine Tagung in Dachau, Frankfurter Allgemeine Zeitung v. 22. 10. 01, S. 48.

[10] Vgl. Herbert Jäger, Verbrechen unter totalitärer Herrschaft. Studien zur nationalsozialistischen Gewaltkriminalität, Olten 1967, S. 22.

[11] Hans Mommsen, Barbarei und Genozid, in: ders., Von Weimar nach Auschwitz. Zur Geschichte Deutschlands in der Weltkriegsepoche, München 1999, S. 272.

ders interpretiert. In einigen Arbeiten Harald Welzers wird deren reale Physiognomie durch eine unreflektierte Übernahme der apologetischen Selbstbeschreibungen der Organisatoren des Massenmords umgedeutet. Zugleich wird die völkisch-antisemitische Einstellung eines Täters wie Rudolf Höß durch Reduktion auf lediglich ingenieurhaftes, rein instrumentelles Handeln, gepaart mit der Fähigkeit zu »wissenschaftlich fundierter und geschmeidig angepaßter Menschenbehandlung«[12], zum Verschwinden gebracht. Als Folge dieser Interpretation nimmt der Kommandant von Auschwitz, des größten Massenvernichtungslagers der deutschen Geschichte, am Ende die bizarren Züge eines Lebensretters an: »(...) die Installierung des Sinnspruchs ›Arbeit macht frei‹ über dem Lagereingang von Auschwitz geht auf eine Initiative von Höß zurück und beinhaltet in dessen Perspektive keineswegs jenen Zynismus, den jeder Kommentator ihm seither unterstellt (!) hat: Höß begründet die Installierung dieses Schriftzugs nämlich ganz naiv mit der wichtigen Rolle, die Arbeit nach seiner Erfahrung als sinngebende Instanz für eine erträgliche Existenz in der Haft spielt.«[13] Naiv und blind für die wirkliche Bedeutung dieses ideologischen Satzes von Höß, der, wie Ruth Klüger aus eigener leidvoller Anschauung schrieb, einer »mörderischen Ironie« entsprach,[14] verortet Welzer zugleich den »Vorgang des Massenmords« im »Kontext einer Normalität«.[15] Merkwürdig, wie die einfache Einsicht verschwinden kann, daß durch die Zerstörung aller moralischen und rechtlichen Normen, insbesondere des Tötungsverbots, die ein zivilisiertes, an geltenden Regeln orientiertes menschliches Zusammenleben erst ermöglichen, jegliche Normalität gerade beseitigt worden ist.[16]

Die hier vorgelegten Beiträge setzen sich auch unterschiedli-

---

[12] Harald Welzer, Männer der Praxis. Zur Sozialpsychologie des Verwaltungsmassenmords. In: ders. (Hg.), Nationalsozialismus und Moderne, Tübingen 1993, S. 115.
[13] Harald Welzer, Sozialingenieur der Vernichtung: Rudolf Höß, in: ders., Verweilen beim Grauen. Essays zum wissenschaftlichen Umgang mit dem Holocaust, Tübingen 1997, S. 100.
[14] Ruth Klüger, weiter leben. Eine Jugend, München 1994, S. 120.
[15] Harald Welzer, Sozialingenieur (Anm. 13), S. 20.
[16] Zur Kritik siehe Joachim Perels, Wider die ›Normalisierung‹ des Nationalsozialismus. Hannover 1996; ders., (Rez.) Harald Welzer, Verweilen

che Weise mit der These der »Normalisierung« des Nationalsozialismus und seiner Nachwirkungen auseinander. Das Institut für Politische Wissenschaft und das Psychologische Institut der Universität Hannover veranstalteten am 9. Januar 2001 eine Diskussion unter dem Titel »Was heißt ›wissenschaftlicher Umgang mit dem Holocaust‹«, die inzwischen dokumentiert vorliegt,[17] und mit einer Vortragsreihe fortsetzte, die unser Band dokumentiert, ergänzt um eine Studie zur sozialpsychologischen Analyse von NS-Tätern.

Der Band knüpft an die kritische Täterforschung an. Im Zentrum des Bandes steht die Frage nach den gesellschaftlichen, politischen und sozialpsychologischen Bedingungen, die zur Teilnahme an den Massenverbrechen führten und die Frage des juristischen und des psychischen Umgangs mit den nationalsozialistischen Gewalttaten und ihren Tätern in der bundesdeutschen Nachkriegsgesellschaft.

Exemplarisch untersucht werden Adolf Eichmann, der Deportationsspezialist der Reichssicherheitshauptamts und Otto Ohlendorf, Leiter der Einsatzgruppe D.

Auf der Basis bisher kaum ausgewerteter Quellen, insbesondere die ausführlichen, auf Tonband festgehaltenen Gespräche, die Eichmann mit Sassen, einem Gesinnungsgenossen in Argentinien geführt hatte, weist Irmtrud Wojak nach, daß sich der fanatische, antisemitische Antrieb Eichmanns, der auch nach Kriegsende noch explizit an seinem Ziel festhielt, 10 Millionen Juden vernichten zu wollen, mit seiner außergewöhnlichen bürokratischen Organisationsfähigkeit widerspruchsfrei verband. Damit wird Hannah Arendts vielfach mißverstandenes Wort von der »Banalität des Bösen« – einer Banalität, die das Böse, die Ermordung von Millionen Juden ja nicht im geringsten relati-

---

beim Grauen. Essays zum wissenschaftlichen Umgang mit dem Holocaust, Tübingen 1997, in: Kritische Jusiz, H. 1 (2000), S. 127 ff.

[17] In einer von Elmar Maibaum bearbeiteten Tonbandnachschrift ist die Diskussion, an der, unter der Leitung von Klaus Christoph, Harald Welzer, Adelheid von Saldern, Rolf Pohl und Joachim Perels teilnahmen, von der Fachschaft Sozialwissenschaften/Geschichte an der Universität Hannover veröffentlicht worden: Was heißt ›Wissenschaftlicher Umgang mit dem Holocaust?‹ 2. Aufl. Hannover 2002 (Bezug über die Faschschaft Sozialwissenschaften/Geschichte, Schneiderberg 50, 30167 Hannover).

viert – genauer in den geschichtlichen Kontext gestellt. Die frühen Selbstcharakterisierungen Eichmanns, die Hannah Arendt überwiegend unbekannt waren, machen deutlich, daß er, im Unterschied zu seinen Äußerungen im Jerusalemer Prozeß, er habe als kleines Rädchen lediglich Befehle ausgeführt, daß Eichmann ein fanatischer Nationalsozialist und deshalb ein antisemitischer Überzeugungstäter war.

Auch bei dem von Jason Weber analysierten Otto Ohlendorf, der für die Ermordung von über 90 000 Juden verantwortlich war, fungiert die – für andere Führungsgruppen des Reichssicherheitshauptamts ebenfalls bestimmende – Verbindung von eigenen, aktivistisch-völkischen Vernichtungszielen mit der Sicherung eines bürokratisch perfekten Ablaufs der Mordaktionen als Handlungsgrundlage. Eine bezeichnende Anweisung Ohlendorfs lautete, daß immer zwei Schützen auf einen Juden zu schießen hätten, um die psychische Belastung der Täter so gering wie möglich zu halten und so den reibungslosen Ablauf der Verbrechensmaschinerie zu gewährleisten.

Für die Charakterisierung der Motivlage von NS-Tätern wie Eichmann und Ohlendorf ist, entgegen ihrer selbstentschuldenden Berufung auf einen sogenannten Befehlsnotstand, eine Feststellung des Kreisauer Kreises, die sich in einer Ausarbeitung vom 14. Juni 1943 – als Moltke die Massentötungen im Osten bekannt waren – findet, besonders erhellend: »Der Befehl (ist) kein Strafausschließungsgrund, wenn der Täter durch sein Verhalten vor, bei oder nach der Tat erwiesen hat, daß er den Befehl billigt.«[18]

In historischen Untersuchungen über NS-Täter werden die sozialpsychologischen und innerpsychischen Bedingungen, die die Handlungen der Mörder im Staatsauftrag erst ermöglichten, bisher kaum thematisiert. Rolf Pohl stellt zur Dechiffrierung der Gewaltpraxis des NS-Regimes eine Reihe differenzierter psychoanalytischer Ansätze zur menschlichen Grausamkeit vor, die im gegenwärtigen wissenschaftlichen Diskurs vernachlässigt werden. Neben gewissen sadistischen und pathologischen Zügen, die un-

---

[18] Ger von Roon, Neuordnung im Widerstand. Der Kreisauer Kreis in der deutschen Widerstandsbewegung. München 1967, S. 554.

ter den Bedingungen der NS-Herrschaft destruktiv ausbrechen konnten, ist es die Auflösung von Moral und Gewissen, die mit einer vorschnellen Kennzeichnung der administrativen und exekutiven Mörder als »normal« unvereinbar ist. Am Typus des »Grausamkeitsabeiters« (Mitscherlich) zeigt Pohl, wie die mechanisierte Tötungstätigkeit sich mit bestimmten innerpsychischen Entlastungsmechanismen verbindet und so überhaupt erst möglich wird.

Nach 1945 steht die Ahndung der nationalsozialistischen Verbrechen auf der Tagesordnung der Bundesrepublik, wobei die Frage nach der zutreffenden Wahrnehmung der Täter von Amts wegen im Mittelpunkt steht. Kerstin Freudiger gibt einen pointierten Überblick über die Gesamtentwicklung. Das Bild ist widersprüchlich, aber die Tendenz eindeutig: Die Morde an den Juden werden weitgehend geahndet, während die Tötungen im Zuge der NS-»Euthanasie« und der Ausrottungsaktionen der Einsatzgruppen überwiegend nicht als Handlungen von »Tätern« bewertet, sondern den von der nationalsozialistischen Ideologie angeblich unberührten »Gehilfen« zugeschrieben werden. Die Vernichtungsaktionen gegen politische Oppositionelle und sogenannte »Fremdvölkische«, gegen die Zivilbevölkerung und gegen Kriegsgefangene, für die die Justiz und die Wehrmacht verantwortlich waren, wurden für grundsätzlich rechtmäßig erklärt, ohne daß der rechtsstaatliche Maßstab »gesetzlichen Unrechts« (Radbruch) zur Überprüfung der vielen Tötungsakte herangezogen worden wäre.[19]

Der gesellschaftliche und politisch-rechtliche Umgang mit den nationalsozialistischen Verbrechen findet eine Entsprechung in der innerfamilialen Entwicklung. Die be- und verschwiegene Vergangenheit hinterläßt kollektive, aber auch individuelle Spuren. Jan Lohl geht der Frage einer »Gefühlserbschaft« (Freud) der nationalsozialistischen Dispositionen und ihrer Verdrängung in drei aufeinanderfolgenden Generationen nach. Ein Schlüsselbegriff, der von Lohl systematisch eingeführt und als Untersuchungsinstrument benutzt wird, ist das »narzißtische Berührungstabu«,

---

[19] Vgl. zur Gesamtanalyse Kerstin Freudiger, Die juristische Aufarbeitung von NS-Verbrechen. Tübingen 2002.

das sich auf die zur Stabilisierung des eigenen Ichs eingesetzte Abschottung der Kriegsgeneration von der erfahrenen mörderischen Realität des Hitler-Regimes bezieht. Diese Haltung wurde oftmals unbewußt an die nächste Generation weitergegeben und stellt möglicherweise eine der Quellen für rechtsradikale Aktionsmuster von Jugendlichen in der Gegenwart dar.

Das unterschiedliche historische, sozialpsychologische und politikwissenschaftlich-juristische Instrumentarium, das die Autorinnen und Autoren verwenden, ergänzt sich auf fruchtbare Weise. Dabei hat der von Mitscherlich analytisch geschärfte Begriff der »Derealisierung« eine übergreifende Bedeutung. Er charakterisiert die in den Einzelbeiträgen auf unterschiedliche Weise behandelten Formen der Wahrnehmungsstörungen mit Blick auf die Mörder im Staatsauftrag und den Umgang mit ihnen nach 1945.

Uns geht es darum, dazu beizutragen, daß sich bestimmte Erkenntnisblockaden, die im Umgang mit NS-Tätern nach wie vor existieren, auflösen. Wenn sich der Nebel um die Täter lichtet, bleibt die Erinnerung an die Opfer wach.

Hannover, im September 2002   Joachim Perels/Rolf Pohl

Irmtrud Wojak

Eichmanns Memoiren und die »Banalität« des Bösen

»Dies hätte nicht geschehen dürfen«, mit diesem knappen Satz antwortete die deutsch-jüdische Politikwissenschaftlerin Hannah Arendt in einem Interview auf die Frage, was sie heute – das war im Jahr 1964 – über den Holocaust denke. Arendt zitierte damals aus dem Fazit ihres eigenen Werkes über *Ursprünge und Elemente totaler Herrschaft*. Darin war sie zehn Jahre zuvor zu dem Schluß gekommen, daß wir – sie hatte den Stalinismus und die NS-Herrschaft im Visier – »mit einer neuen, in der Geschichte noch unbekannten ›Staatsform‹ konfrontiert sind«.[1] Die Originalität totalitärer Herrschaft bestand für sie darin, daß sich die im Namen des Stalinismus und des Hitlerregimes begangenen Verbrechen weder mit unseren historischen oder religiös motivierten Begriffen von Gut und Böse fassen noch mit den uns zur Verfügung stehenden juristischen Mitteln bestrafen ließen.

Die von den Nationalsozialisten begangenen Verbrechen waren für Arendt, die hier ganz im Sinne humanistisch-idealistischer Tradition dachte, ohne Parallelität, denn sie hatten jahrtausendealte Gebote außer Kraft gesetzt und in das Gegenteil verkehrt. Sünde und Vergehen hatten die Nationalsozialisten und ihre Helfershelfer in die Aufforderung umgekehrt: »Du sollst töten!« Doch »die Todesstrafe wird absurd«, erklärte Arendt, »wenn man es nicht mit Mördern zu tun hat, die wissen was Mord ist, sondern mit Bevölkerungspolitikern, die den Millionenmord so organisieren, daß alle Beteiligten subjektiv unschuldig sind: die Ermordeten, weil sie sich nicht gegen das Regime

---

[1] Hannah Arendt, Elemente und Ursprünge totaler Herrschaft. Antisemitismus, Imperialismus, totale Herrschaft, 8. Aufl. München–Zürich 2001, S. 945.

vergangen haben, und die Mörder, weil sie keineswegs aus ›mörderischen‹ Motiven handelten. Stellt man sich angesichts dieser neuesten Ereignisse auf den Boden spezifisch abendländischer Geschichte, so kann man sagen: Dies hätte nicht geschehen dürfen, und zwar in dem Sinn, in dem Kant meinte, daß während eines Krieges nichts geschehen dürfe, was einen späteren Frieden unmöglich machen würde.«[2]

Stimmt man Hannah Arendt zu, dann stellt sich die Frage: Kann man bewältigen und können wir uns mit etwas abfinden, was nicht geschehen durfte? Die Antwort ist, wie es scheint, allzu leicht mit einem eindeutigen »Nein« gegeben. Wir müssen uns doch damit abfinden. Entsetzen hilft so wenig wie das Mitleiden. Denn wir können niemals wiedergutmachen, schrieb Arendt zutreffend, wo Menschen wirklich gehandelt haben.

Doch das Entsetzen galt und gilt auch nicht dem Neuen – und dies hat Arendt in den *Elementen und Ursprüngen* in dem Kapitel über die Konzentrationslager wohl am stärksten deutlich gemacht –, sondern der Tatsache, daß dieses Neue den Kontinuitätszusammenhang unserer Geschichte zu sprengen scheint. Deshalb sind wir weiterhin weder der notwendigen Erklärungen noch der immer wieder zu erhebenden menschlichen Klage enthoben, die schmerzhaft die Erinnerung an die Ermordeten wach hält und zugleich den Lebenden ihr Recht verleiht, weil wir dies nicht verantworten können. »Bewältigen können wir die Vergangenheit so wenig, wie wir sie ungeschehen machen können«, formulierte Arendt ihre Sichtweise. »Wir können uns aber mit ihr abfinden. Die Form, in der das geschieht, ist die Klage, die aus aller Erinnerung steigt. Es ist, wie Goethe gesagt hat: Der Schmerz wird neu, es wiederholt die Klage / Des Lebens labyrinthisch irren Lauf.«[3]

In der Anklage, die der israelische Generalstaatsanwalt Gideon Hausner im April 1961 vor dem Jerusalemer Bezirksgericht gegen Adolf Eichmann vorgetragen hat, wurde diese Klage laut. »Mit mir stehen sechs Millionen Kläger auf«, sagte Hausner, »ihre Asche liegt verstreut auf den Hügeln von Auschwitz, auf den

---

[2] Ebd.
[3] Zit. nach Albert Wucher, Marksteine der deutschen Zeitgeschichte 1914–1915, Darmstadt 1991, S. 5.

Feldern Treblinkas; sie wurden in Polens Flüsse geworfen. (...)
Ihr Blut schreit, aber ihre Stimme ist verstummt. Darum werde
ich ihr Mund sein; in ihrem Namen werde ich die furchtbare
Anklage erheben.«[4] Nicht allein die Person Eichmann, sondern
das Verbrechen der »Endlösung der Judenfrage«, die geplante
totale Vernichtung der Juden Europas, stand vor Gericht.

Im Prozeß gegen Eichmann wurde erstmals die Totalität der
Vernichtungspolitik in allen Einzelheiten von Überlebenden des
Konzentrations- und Vernichtungslagers Auschwitz geschildert.
Erstmals wurde das System des Terrors, die Errichtung der Konzentrationslager als Kulmination von Gewalt und ausschließlich
zum Töten erdachter Einrichtungen als die alltägliche Wirklichkeit des NS-Herrschaftssystems deutlich. Der Eichmann-Prozeß
entlarvte die niedrigsten Instinkte der Menschen als Ansporn
und Realität eines absoluten Herrschaftsanspruchs, der im Krieg
seinen eigentlichen Ausdruck fand und dessen einziger Zweck
schließlich in der systematischen Ermordung von Menschen bestand. Er führte den Prozeßbeobachtern die machtgierigen, rücksichtslosen und irrationalen Motive der Täter vor Augen, die im
Rahmen der »fiktiven Welt der Bewegung« – die Arendt in den
Elementen und Ursprüngen totaler Herrschaft dargestellt hat –
den Prozeß der Entsolidarisierung und damit der Entmenschlichung immer weiter vorangetrieben haben.

Wenn nicht bereits während des Prozesses, so doch seit dem
Erscheinen des Prozeßberichts von Hannah Arendt über *Eichmann in Jerusalem* beschäftigte die Öffentlichkeit und die historische Forschung die Frage, die jüngst der israelische Historiker Yaakov Lozowick als den Konflikt zwischen dem israelischen
Generalstaatsanwalt und der wohl berühmtesten Prozeßbeobachterin formuliert hat: War Eichmann die »Verkörperung des satanischen Prinzips«, ein Monster, das beseelt von der nationalsozialistischen Weltanschauung von Anfang an die Vernichtung
des »Gegners Judentum« angestrebt hatte, wozu ihm dann der
Krieg die gewünschte Gelegenheit bot?[5] Oder war er der sub-

---

[4] Eröffnungsplädoyer Hausners zit. nach: Bernd Nellessen, Der Prozeß von Jerusalem, Düsseldorf–Wien 1964, S. 15.
[5] Yaakov Lozowick, Hitlers Bürokraten. Eichmann, seine willigen Vollstrecker und die Banalität des Bösen, Zürich–München 2000, S. 17 und

alterne Bürokrat, »ein durchschnittlicher, ›normaler‹ Mensch, der weder schwachsinnig noch eigentlich verhetzt, noch zynisch ist«? »Außer einer ganz ungewöhnlichen Beflissenheit, alles zu tun, was seinem Fortkommen dienlich war«, schrieb Arendt, habe er überhaupt keine Motive gehabt. »Er hat sich nur, um in der Alltagssprache zu bleiben, *niemals vorgestellt, was er eigentlich anstellte.*«[6]

Hans Mommsen hat diesen Konflikt als die in der jüngeren Forschung umstrittene Frage benannt, »welche jenseits bürokratischer Rationalität liegenden Motivationen für die Vollstrecker handlungsleitend gewesen sind.«[7] Er sah in diesem Zusammenhang insofern einen Paradigmenwechsel, als eine jüngere Generation sich verstärkt der Aufschlüsselung der politisch-ideologischen Mentalität der Täter zugewandt habe, während die Erforschung der mentalen Disposition der handelnden Eliten als auch der ihr Handeln determinierenden politischen Strukturen in die zweite Reihe gerückt sei. Er betonte dagegen, daß der Weg des NS-Systems in eine moderne Barbarei »nicht einfach auf das Werk einzelner Personen oder einer Personengruppe oder die Rolle Adolf Hitlers zurückzuführen (sei), sondern auf einer komplexen gesellschaftlichen und politischen Deformation (beruhe), die spätestens 1918 einsetzte.«[8]

Es gibt kaum eine Quelle, die für den zwischen dem israelischen Ankläger und der als Prozeßbeobachterin für die Zeitschrift *New Yorker* nach Jerusalem gekommenen Politikwissenschaftlerin entstandenen Gegensatz aufschlußreicher ist als das Interview des ehemaligen holländischen SS-Offiziers Willem Sassen mit Adolf Eichmann.[9] In seinem Asyland hat der Depor-

---

S. 21. Zitat: Gideon Hausner, Die Vernichtung der Juden, München 1979, S. 10.

[6] Hannah Arendt, Eichmann in Jerusalem. Ein Bericht von der Banalität des Bösen, München 1964, S. 16.

[7] Hans Mommsen, Barbarei und Genozid. In: ders., Von Weimar nach Auschwitz. Zur Geschichte in der Weltkriegsepoche, Stuttgart 1999, S. 268–282, hier S. 272.

[8] Ebd., S. 281.

[9] Im Nachlaß Eichmann im Bundesarchiv (BArch), N 1497, befinden sich die Tonbänder, Audio- und DAT-Kassetten (Ton 1367/6 1–10), die Anfang des Jahres 2000 an das Bundesarchiv abgegeben wurden. Ausgewer-

tationsspezialist die Frage: »War er ein Monster in Menschengestalt oder ein einfacher Bürokrat?« bereits Jahre vor dem Prozeß selbst beantwortet.[10]

Eichmanns Interviewer Sassen wurde 1918 in den Niederlanden geboren. Er war nur wenigen bekannt, als er durch den Verkauf des Interviews an die Presse eine Sensation auslöste. Sassen war Kollaborateur und überzeugter Nationalsozialist. Freiwillig meldete er sich nach der Invasion in Rußland bei der Niederländischen Legion, wurde Kriegsberichterstatter und bereiste die Kriegsfronten im besetzten Europa. Bei Kriegsende wurde er von den Alliierten festgenommen, doch gelang ihm auf abenteuerliche Weise die Flucht. Im September 1948 trat er von Dublin aus die Überfahrt nach Argentinien an. Mitte der fünfziger Jahre traf Sassen mit Eichmann die Übereinkunft, auf der Basis eines Interviews ein Buch zu schreiben, das anonym publiziert werden sollte. Das erste Interview wurde in der zweiten Hälfte des Jahres 1956 aufgezeichnet. Vermutlich über einen Zeitraum von vier Jahren stand Eichmann Sassen Rede und Antwort; sie führten an die dreißig Gespräche, die bis zu vier Stunden dauerten.

Ähnlich wie die Richter im Jerusalemer Prozeß brachte Eichmann seinen Gesprächspartner mit verschachtelten Sätzen zur Verzweiflung, so daß Sassen eine redaktionelle Vorbemerkung mit dem Hinweis versah, »Wurschtsätze« müßten bei der Bearbeitung für das Buch verkürzt werden.[11] Gelegentlich erschweren diese »Wurschtsätze« auch die Lektüre des Transkripts, das nicht wortgetreu das Original wiedergibt, aber, wie ein Vergleich mit den Tonbändern zeigt, um Genauigkeit bemüht ist. Keinesfalls kann die Echtheit in Frage gestellt werden, was Eichmann während des Prozesses mehrfach versuchte.

Sassen hatte er erklärt, das Material könne »im Falle (sei-

---

tet wurden die Audiokassetten (K) und DAT-Kassetten (DAT), wobei die Original-Beschriftung mit römischen Ziffern (I–X) in den folgenden Anmerkungen als Beleg übernommen und jeweils um die Ziffer des Zählwerks des Abspielgerätes ergänzt wurde (z. B.: K I, 12 oder DAT IX, 12:40). – Über die unterschiedlichen Rechtfertigungsversuche Eichmanns vgl. Irmtrud Wojak, Eichmanns Memoiren. Ein kritischer Essay, Frankfurt am Main 2002.

[10] Lozowick, Hitlers Bürokraten (Anm. 5), S. 14.
[11] Nachlaß Eichmann, BArch, N 1497, Ton 1367/6, K VIII/A, 392 ff.

nes) Ablebens oder Freiheitsentzugs« in der bestehenden Form verwendet werden.¹² Als dieser Fall mit der Entführung eintrat, machte sich der Journalist an die Publikation. Womit er nicht rechnen konnte, war, daß Eichmanns Anwalt die Veröffentlichung zunächst verhindern würde, und zwar in Absprache mit seinem Mandanten. Unter diesen Umständen entschloß sich Sassen, den Verkauf des Interviews an das amerikanische Magazin *Life* voranzutreiben. Die Veröffentlichung zog sich hin, da die Redaktion sich abzusichern suchte. Währenddessen reiste Sassen nach Westdeutschland und nahm Verkaufsverhandlungen mit dem Magazin *Stern* auf, das einer Veröffentlichung in der amerikanischen Presse am 9. Juli 1960 mit dem ersten Artikel zuvor kam. Der *Stern* erwähnte Sassen nicht, so daß dieser einstweilen nicht mit den »Eichmann-Memoiren« in Verbindung gebracht wurde. Sein Name fiel jedoch, als *Life* unter dem Titel »*Eichmann tells his own damning Story*« im November und Dezember 1960 mit einer Artikelserie nachzog. Die Legende von »Eichmanns Memoiren« war geboren.

Das übermächtige Bedürfnis, seine Sicht der Geschehnisse der Weltöffentlichkeit zu präsentieren, sein Drang zur Selbstrechtfertigung, wurde Eichmann zum Verhängnis. Weder »Kamerad Sassen« noch den finanziellen Wert seiner Aussagen hatte er, als er sein Inkognito (Ricardo Klement) aufgab, richtig eingeschätzt. Denn offensichtlich hatte Sassen – ohne ihn zu informieren – bereits Ende 1959 versucht, das 798seitige Transkript zu verkaufen. Auf diese Weise erhielt der Mossad Kenntnis von dem Text und gelangte kurz vor der Entführung in den Besitz einer der von Sassen angefertigten Durchschriften.

Für den Jerusalemer Prozeß war dies ein ungemein wichtiges Dokument. Zunächst diente es dem israelischen Polizeihauptmann Avner Less, der Eichmann vor dem Prozeß 38 Tage lang verhörte, als Grundlage für seine Ermittlungen beziehungsweise Befragungen. Das aber wußte Eichmann nicht. Erst später, als Generalstaatsanwalt Hausner daraus zitierte, merkte der ehema-

---

[12] Vgl. die Zusammenstellung »Betrifft: Urheberrecht Adolf Eichmann. Veröffentlichung LIFE, USA«, 26./27. 11. 1960, 8 S., die vermutlich von Rechtsanwalt Servatius verfaßt wurde, BArch, Eichmann-Prozeß (Unterlagen Servatius), All. Proz. 6/253.

lige SS-Obersturmbannführer, daß er mit seinen früheren Äußerungen gegenüber Sassen konfrontiert wurde.

»Ich transportierte sie zum Schlachter«, zitierte *Life* Eichmann aus dem Sassen-Interview und zeichnete überhaupt ein Satansbild des Angeklagten, der nun, in Jerusalem, behauptete, daß er diesen Satz nie gesagt habe.[13] Doch sein ebenfalls dort zitiertes Bekenntnis, er werde nicht bereuen oder sich selbst demütigen – denn »hätten wir alle zehn Millionen Juden getötet, die in Himmlers Statistiken 1933 ursprünglich angegeben waren«, dann würde er jetzt zu Sassen sagen können: »gut, wir haben einen Feind vernichtet« – ließ bei Verteidiger Servatius Zweifel an der Echtheit dieser angeblichen Memoiren aufkommen.[14] Ob die Zweifel echt waren, sei dahingestellt, jedenfalls trat Servatius nicht zurück. Währenddessen blieb Eichmann im Gefängnis nichts anderes übrig, als sich von dem Text zu distanzieren und zu behaupten, dies alles nicht gesagt zu haben.

»Beachtlich ist die wahre Einstellung des Angeklagten«, schrieb der Verteidiger Eichmanns kurz nach Prozeßbeginn an das Jerusalemer Gericht. Servatius plädierte dafür, die Abschrift des Interviews nicht als Beweisdokument anzunehmen. Statt dessen werde er dem Gericht einen Roman Eichmanns als Beweis vorlegen.[15] Der Roman ist bisher nirgendwo aufgetaucht, und ob Servatius ein Manuskript einreichte, ließ sich nicht verifizieren. Jedenfalls setzte Eichmann auch in der Gefängniszelle seine Rechtfertigungsversuche fort, an deren Ende schließlich die Niederschrift »Götzen« stand: ein Dokument des fanatischen Nationalsozialisten, der seinen »Göttern« niemals abgeschworen hat.

Ebensowenig läßt sich bestreiten, daß Eichmann sich in dem Sassen-Interview einem Gesinnungsgenossen anvertraute. Die Absicht Eichmanns sei die »Aufdeckung der Motive bzw. Ursa-

---

[13] Im Interview mit Sassen hatte Eichmann jedoch nichts anderes gesagt. Vgl. Sassen-Interview, Transkript, Bd. 44, S. 402, BArch, All. Proz 6/104.
[14] Christina Große, Der Eichmann-Prozeß. Zwischen Recht und Politik, Frankfurt am Main 1995, S. 51.
[15] Einwendungen von Servatius zu den »Sassen-Memoiren«, 6 S., Jerusalem 9. 6. 1961, BArch, Eichmann-Prozeß (Unterlagen Servatius), All. Proz. 6/254.

chen« gewesen, behauptete Sassen später, er habe bewußt »seine relative Geborgenheit« aufgegeben, »weil er von dem Wust der Lügen und Halbwahrheiten angeekelt wurde«, die über ihn verbreitet worden seien.[16] Das war allerdings nicht ganz richtig, denn Eichmann hatte im Interview gesagt, die Publikation solle erst nach seinem Tod oder im Falle seiner Festnahme veröffentlicht werden. Er wolle »in keinster Weise irgendwie aus dem (...) Verborgenen im Rampenlicht erscheinen«.[17]

Sassen jedoch hatte seine eigenen Vorstellungen vom Zweck des Interviews. Der »jüdische Erfolg«, Eretz Israel aufzubauen, erklärte er, beruhe darauf, »aus Deutschland Milliardenbeträge sogenannter Reparationen rauszubekommen, dem deutschen Volk ein Schuldbewußtsein einzuhämmern, (...) weil die Gelder (...) natürlich eine Art Sühnegelder sein sollen. Und je höher das Schuldbewußtsein ist, um so leichter wird man Geld rausbekommen können.«

Nach Sassens Vorstellung hätte das Eichmann-Interview dazu dienen können, daß Israel seine Reparationsforderungen erhöhte, denn diese basierten bis dahin vor allem auf der Aussage von Dieter Wisliceny[18] vor dem Nürnberger Gerichtshof, der Eichmann den Satz in den Mund gelegt hatte, er springe mit Freude in die Grube in dem Bewußtsein, daß fünf Millionen Juden im Krieg getötet worden seien.[19] Aber im Grunde interessierten Eichmann diese Rechnungen nicht, er konnte sich gar nicht an genaue Zahlen erinnern. Dagegen herrschte zwischen ihm und Sassen die übereinstimmende Meinung, daß die Juden aus der

---

[16] Vgl. Willem Sassen, Comodoro Rivadavia, 16. 7. 1962 an Generalstaatsanwalt Dr. Fritz Bauer, Frankfurt am Main, Landesarchiv (LA), Berlin, Nr. 76, B Rep. 057-01.

[17] Nachlaß Eichmann, BArch, N 1497, Ton 1367/6, DAT 1747/X/C (Forts.) + D, 16:30 ff.

[18] Dieter Wisliceny (1911–1948), seit 1934 Mitglied der SS und des SD, dort kurze Zeit Vorgesetzter Eichmanns im Judenreferat II 112. Später »Judenberater« Eichmanns für die Slowakei (Aug. 1940–1944), Griechenland (Febr. 1943–Juni 1943), Ungarn (1944) und maßgeblich an den Deportationen beteiligt. Zeuge der Anklage im Nürnberger Prozeß, danach Auslieferung an die Tschechoslowakei, 1948 zum Tode verurteilt und gehenkt.

[19] Nachlaß Eichmann, BArch, N 1497, Ton 1367/6, K VIII/A, 534 ff.

sogenannten Endlösung bestimmt eine Wiedergutmachung herausschlagen würden, die sich »gewaschen« habe.
  Der ehemalige Deportationsspezialist dachte gar nicht daran, die Zahl der Ermordeten zu verkleinern. Schließlich hatte er sich immer bemüht, die ihm übertragenen Aufgaben gewissenhaft zu erfüllen. Pathetisch erklärte er Sassen: »Die Schlachtfelder dieses Krieges hießen Vernichtungslager. Von dieser Show aus gesehen, kann man nur sagen, daß Israel seine Existenz der Judenpolitik des Dritten Reiches verdankt, bzw. daß das Dritte Reich, daß die deutsche Führung eingeengt und eingeklemmt, keine andere Möglichkeit mehr sah, als zur Gewalt gegen die Juden zu schreiten (...) und insoweit der Politik, der Zielsetzung, dem Fernziel eines wirklichen zionistischen Bestrebens zu dienen.«[20]
  Eichmann war nicht darauf aus, die Tatsachen zu bestreiten, sondern er verdrehte sie, indem er behauptete, zwischen der zionistischen Bewegung und dem Ziel der nationalsozialistischen Antisemiten, die Juden zu vertreiben, habe Übereinstimmung bestanden. »Der Führer schenkte also den Juden einen Staat«, ironisierte der Journalist Doron Rabinovici solche Äußerungen.[21] Eichmann versuchte, eine »jüdische Mitschuld« am Holocaust zu suggerieren und zu verschleiern, daß die nationalsozialistischen »Territoriallösungen«, ob es sich nun um ein »Judenreservat« in Nisko am San oder einen Judenstaat auf der Insel Madagaskar handelte, immer den Keim des Völkermords in sich trugen.
  Im gleichen Zusammenhang formulierte er die Frage, warum die Reichsregierung überhaupt die »Judenfrage« in ihr Programm aufgenommen habe. Und seine Antwort fiel eindeutig aus: Der Grund sei ein »überspitzt hoher Anteil« der Juden am deutschen »Wirtschaftsgut« gewesen, welcher ein Mißverhältnis zwischen »Wirtsvolk« und »Gastvolk« dargestellt habe.[22] Deshalb mußten die Juden, so oder so, Deutschland verlassen.
  Eichmann versuchte Sassen zu erklären, daß er ganz andere Probleme zu lösen hatte, um »die Zahlen« überhaupt zu erreichen. Immer wieder kam er auf die so genannte »Mischlingsfra-

---

[20] Sassen-Interview, Transkript, Bd. 35, S. 327 f., BArch, All. Proz. 6/102.
[21] Doron Rabinovici, Instanzen der Ohnmacht. Wien 1938–1945. Der Weg zum Judenrat, Frankfurt am Main 2000, S. 29.
[22] Nachlaß Eichmann, BArch, N 1497, Ton 1367/6, K VII/B, 450 ff.

ge« zurück: »Der Vierteljude von heute war der Deutschblütige von morgen. (...) Man muß nun einmal eine Norm haben, um überhaupt eine große Masse in gewisse Zahlen einteilen zu können.« Schließlich sei nicht alles von langer Hand vorbereitet gewesen, sondern habe sich »nach und nach« entwickelt. Die Judenpolitik sei unter dem Druck der Verhältnisse entstanden: »Da stand nie ein Generalplan fest, sondern der Augenblick hat diese Sachen diktiert.« Erst der Krieg habe den Weg zu brutaler Gewalt eröffnet.[23]

Diese Auffassung bildete den Hintergrund, vor dem Eichmann der Behauptung seines früheren »Judenberaters« Wisliceny widersprach und erklärte, er habe an einem seiner letzten Amtstage gesagt, er würde gerne in die Grube springen in dem Bewußtsein, »daß auch mit mir 5 Millionen Reichsfeinde hineingesprungen sind«. Auf Sassens Frage, ob er sicher sei, das Wort Reichsfeinde und nicht das Wort Juden benützt zu haben, antwortete er: »(...) ich haßte ja nicht nur allein die Juden, ich haßte in diesen Tagen alles, was dem deutschen Volk an den Kragen ging.« Darauf Sassen: »Auch nicht das Wort Menschen?« Eichmann: »Nein, Reichsfeinde. Das Wort Reichsfeinde war für mich wie das Wort für einen Geistlichen ›der Teufel‹.«[24]

Eichmann, der im gleichen Atemzug die »Schmach von Versailles« zitierte, dachte noch genauso wie seinerzeit im SS-Dienst. Er hätte auch Hitlers Prophezeiung zitieren können, der vor Kriegsbeginn gesagt hatte, wenn die Juden noch einmal die Völker in einen Krieg stürzen würden, werde dies zur Vernichtung der jüdischen Rasse in Europa führen. Im Oktober 1941 hatte Hitler seine Ankündigung wieder aufgegriffen und erklärt: »Diese Verbrecherrasse hat die zwei Millionen Toten des Weltkrieges auf dem Gewissen, jetzt wieder Hunderttausende. Sage mir keiner: Wir können sie doch nicht in den Morast schicken! Wer kümmert sich denn um unsere Menschen? Es ist gut, wenn uns der Schrecken vorangeht, daß wir das Judentum ausrotten. Der Versuch, einen Judenstaat zu gründen, wird ein Fehlschlag sein.«[25]

---

[23] Ebd., K IX/C (Forts.) + D, 348 ff., 360, 387.
[24] Sassen-Interview, Transkript, Bd. 1, S. 6 sowie Bd. 15, S. 117, BArch, All. Proz. 6/95 und 6/97.
[25] Werner Jochmann (Hrsg.), Adolf Hitler. Monologe im Führerhauptquar-

Eichmann hatte Hitlers Prophezeiung nicht vergessen und damit auch die Schuldzuweisung für die Toten des Ersten Weltkrieges und für die Niederlage in diesem Krieg.

Eichmann war im Gespräch mit Sassen noch viel weiter gegangen und hatte am Ende barsch erklärt: »Mich reut gar nichts. Ich krieche in keinster Weise zu Kreuze.« Er wolle niemandem vorspielen, »daß aus einem Saulus ein Paulus würde. Ich sage Ihnen, Kamerad Sassen, das kann ich nicht tun (...), weil sich mir das Innerste sträubt zu sagen, wir hätten etwas falsch gemacht.«[26]

Die Schlußerklärung, die Eichmann für Sassen formulierte, wurde mehrmals von ihm abgeändert. Aufgrund fehlender Tonbänder läßt sich nicht genau festzustellen, welches die Ursprungsfassung ist. Die folgende, die er offenbar von einer schriftlichen Fassung abgelesen hat, könnte ihr am nächsten kommen. Im Ton unterschied sie sich nicht von den anderen Versionen. Anstatt von 10,3 Millionen Juden sprach Eichmann wieder von 10,3 Millionen »Gegnern«. Genauso wie bei Kriegsende verwendete er die Begriffe »Juden« und »Gegner« als Synonyme:

»Und aus diesen Motivierungen heraus müssen Sie verstehen, wenn ich sage, wenn 10,3 Millionen dieser Gegner getötet worden wären, dann hätten wir unsere Aufgabe erfüllt. Nun es nicht so ist, werde ich Ihnen sagen, daß das Leid und das Ungemach unsere noch nicht Geborenen zu bestehen haben. Vielleicht werden sie uns verfluchen. Allein, wir konnten als wenige Leute gegen den Zeitgeist nicht anstinken. (...) Selbstverständlich, muß ich Ihnen sagen, kommt dazu menschliche Regung. Auch ich bin nicht frei gewesen davon, auch ich unterlag derselben Schwäche, das weiß ich, auch ich bin schuld mit daran, daß die vielleicht von irgendeiner Stelle vorgesehene oder mir vorgeschwebte Konzeption der wirklichen umfassenden Eliminierung nicht durchgeführt hat werden können. (...) Als Entschuldigung mag dienen, (...) daß es mir an umfassendem Geist fehlte, als zweites mag dienen,

---

tier 1941–1944. Die Aufzeichnungen Heinrich Heims, Hamburg 1980, S. 106. Dazu Ian Kershaw, Hitler. 1936–1945, Stuttgart 2000, S. 649.

[26] Vgl. die umfangreiche Erklärung im Nachlaß Eichmann, BArch, N 1497, Ton 1367/6, DAT 1747/X/C (Forts.)+D, 6:44 ff. und K X/C (Forts.), 408 ff. und 692 ff., K X/C (Forts.)+D, ab 0 ff.; dazu Sassen-Interview, Transkript, Bd. 67, S. 715, BArch, All. Proz 6/110.

daß es mir an der nötigen physischen Härte fehlte, und als drittes mag dienen, daß sich selbst gegen mein Wollen eine Legion von Leuten einfand, die selbst gegen dieses Wollen wiederum anstanken, so daß ich, der ich selbst schon mich gehandikapt fühlte, auch den Rest (...) nur mit Abstrichen durchführen konnte, weil ich mich verzetteln mußte in einem jahrelangen Kampf gegen die sogenannten Interventionisten.«[27]

Wohl kaum konnte Eichmann vor Gericht in Israel zugeben, was er in Argentinien auf Band gesprochen hatte, deshalb seine kritischen Kommentare gegen die *Life*-Artikel. Diese Kommentare aber enthielten, wie der Verteidiger Servatius erklärte, nichts, »was mit der Einlassung des Angeklagten in seiner Vernehmung in Israel in Widerspruch steht«.[28] Die einzige Möglichkeit, die Kommentare Eichmanns als Beweisdokument unberücksichtigt zu lassen, war groteskerweise ihre Zulassung im Prozeß anzustreben und Sassen als Zeugen laden zu lassen, damit dieser die mangelnde Beweiskraft des Interview-Transkripts bestätigte. Servatius wußte, daß der Antrag keine Aussicht auf Erfolg hatte, denn Sassen wäre sofort verhaftet worden. Aber auf diese Weise war doch – mangels der Tonbänder – die Beweiskraft des für Eichmann verheerenden Transkripts in Frage gestellt. Und Servatius fand in diesem Punkte auch juristische Zustimmung bei den israelischen Richtern. Dadurch reduzierte sich Eichmanns Erklärungsnotstand erheblich. Er konnte sich wieder auf seine geringen »Zuständigkeiten« und die Rolle des unbedeutenden Befehlsempfängers zurückziehen.

Dieser Versuch, sich aus der Verantwortung zu stehlen, war jedoch vergeblich. Auf der Anklagebank saß, darauf vor allem hat Hannah Arendt hingewiesen, kein Monster, sondern »ein Mensch aus Fleisch und Blut«, der für seine Taten verantwortlich war.[29] Die Frage lautete, was Recht ist und was Unrecht, was Eichmann dachte und tat. Mit dieser Frage konfrontiert, hat der Angeklagte immer wieder versucht, seine geringe Stellung im Rahmen des NS-Systems als Schutzschild vor das eigene Tun zu stellen.

H. G. Adler hat über die bedingungslose Hingabe an den Be-

---

[27] Ebd.
[28] Einwendungen von Servatius zu den »Sassen-Memoiren« (Anm. 16).
[29] Arendt, Eichmann in Jerusalem (Anm. 6), S. 47.

fehl geschrieben, daß sie als katastrophalste Folge die Preisgabe der Verantwortung erzeuge, »die sich einmal als Flucht aus der Verantwortung, dann aber auch als Verwandlung der Verantwortung zeigt«.[30] Im Rahmen des Befehlssystems einer hierarchischen Organisation, in welcher der Diensteid als sakraler Akt das Gewissen ausschließlich an den Befehlsgeber bindet, bestand Eichmanns dehumanisierte Verantwortung in der vollkommenen Ausführung des Befehls.[31]

Und nichts war ihm wichtiger, als sich dabei hervorzutun. Eichmann war nicht nur der subalterne Bürokrat, der mit einigen wenigen Ausnahmen keine eigene Initiative entfaltete. Schon bevor er seine Tätigkeit im Reichssicherheitshauptamt aufnahm, entwickelte er bei der Errichtung der »Zentralstellen für jüdische Auswanderung« in Wien, Berlin und Prag durchschlagende Initiativen, und dabei fehlte es ihm nicht an Eifer und Ehrgeiz. Zu Recht wurde er daher als »Ideengeber« bezeichnet und als Vollstrecker des Liquidationsprogramms neben Odilo Globocnik gestellt, den Hauptverantwortlichen für die Ermordung der Juden im Generalgouvernement.[32] Seine Rolle als Organisator der Vertreibungen und Deportationen, fernab der Mordzentren der Nationalsozialisten, war entscheidend für die Durchführung der »Endlösung«.

Nicht minder ausschlaggebend für die Beurteilung seines Handelns ist die Gewissenhaftigkeit, mit der er seinen Befehlen nachkam. Zur Vorbereitung der Transporte hatte er die Vernichtungslager besichtigt, die seit Ende 1941 errichtet wurden, um die Juden mit Gas zu töten: erst Chelmno, dann Belzec und schließlich Auschwitz. Eichmann war der Schreibtischtäter par excellence, aber er kannte sich an den Stätten der Vernichtung Anfang 1942 besser aus als jeder andere Funktionär der »Endlösung«.

Zwar gehörte er aufgrund seiner Herkunft und in Anbetracht seiner mangelhaften Ausbildung nicht in die relativ homogene Gruppe des akademisch gebildeten Führerkorps von Sicherheits-

---

[30] H. G. Adler, Adolf Eichmann oder die Flucht aus der Verantwortung. In: Tribüne, Jg. 1, 1962, H. 2, S. 122–134, hier S. 132.
[31] Ebd., S. 132 f.
[32] Hans Mommsen, Der ›Ostraum‹ in Ideologie und Politik des Nationalsozialismus. In: ders. (Anm. 7), S. 283–294, hier S. 294.

polizei und SD. Doch fehlte es ihm nicht an dem gleichen politischen Radikalismus – und das hieß vor allem: einem radikalen rassistischen Antisemitismus –, wie ihn die in den völkischen und nationalistischen Parteien und Verbänden ideologisierte und mobilisierte »Elite« verfocht. Eichmann hat die Selbststilisierung dieses Führerkorps übernommen, seinen Dienst als Bewährungsprobe und Mittel zu einem höheren Ziel erklärt. Dieser Rückbezug des eigenen Handelns setzte die letzten moralischen Skrupel außer Kraft.

Hannah Arendt, die sich weniger mit den Befugnissen und mehr mit der Person Eichmanns auseinandersetzte, löste mit dem Untertitel ihres Buches über den Eichmann-Prozeß – *Ein Bericht von der Banalität des Bösen* – einen weltweiten Sturm der Entrüstung aus. Sie spielte damit jedoch keinesfalls auf Eichmanns unbedeutenden Rang an, sondern vielmehr auf die tiefe Kluft, die zwischen der Unfähigkeit des Angeklagten, sich seiner Schuld bewußt zu werden, und der Ungeheuerlichkeit der von ihm begangenen Verbrechen bestand.

Arendt wies wie alle Prozeßbeobachter darauf hin, daß es für jeden »normal« empfindenden Menschen nahezu unvorstellbar war, daß Eichmann Hunderttausende Menschen ohne das geringste Bewußtsein der Rechtswidrigkeit seiner Taten in den Tod geschickt hatte. »Dies ist schwer zu glauben«, formulierte sie in ihrem Urteil über Eichmann, »aber es ist nicht völlig unmöglich, daß Sie ungefähr die Wahrheit sagten; in dem uns vorgelegten Beweismaterial findet sich einiges, nicht sehr vieles, das zweifelsfrei gegen Ihre Darstellung in Fragen des Gewissens, der Motivation und des Schuldbewußtseins bei den von Ihnen begangenen Verbrechen spricht.«[33] Doch die eventuell nichtverbrecherische Natur des Innenlebens von Eichmann, seine Motive oder die möglicherweise verbrecherischen Neigungen seiner Umgebung gingen das Gericht nach Arendts Auffassung gar nichts an, sondern nur seine »wirklichen Taten«, und da blieb als Tatsache bestehen, daß er mithalf, »die Politik des Massenmordes auszuführen und also diese Politik aktiv (zu) unterstützen«.[34]

---

[33] Arendt (Anm. 6), S. 328.
[34] Ebd., S. 329.

Arendt stellte die erstaunliche Aussagebereitschaft Eichmanns über seine Funktion in den Kontext der Verlogenheit eines verbrecherischen Systems, dessen integrierende Bestandteile sie weniger im Faktor ideologischer Indoktrination als vielmehr in der Zerstörung jeglicher normativer Grundlagen menschlichen Zusammenlebens sah.[35] Sie machte deutlich, daß der Hinweis auf die mörderischen Seiten einer Ideologie allein nicht ausreichte, um die Mechanismen zu erklären, die bei Eichmann und den vielen anderen kleineren und größeren Tätern jegliches Schuldbewußtsein ausschalteten.

Die ungehemmte Gewaltbereitschaft, mit der die überwiegende Mehrheit der Beteiligten an der Judenverfolgung am Ende zu millionenfachem Mord übergingen, war die Konsequenz des blinden Gehorsams, der sie zuerst das kleinere Übel (die schrittweise Verschärfung der antijüdischen Maßnahmen) hinnehmen und dann das Schlimmste (die Ermordung der Juden) akzeptieren ließ.[36] Der Untertitel des Buches über *Eichmann in Jerusalem* verweist in seiner von vielen mißverstandenen Doppeldeutigkeit auf die Tatsache, daß es leicht ist, die Schwäche der Menschen zu mißbrauchen und sie an das »kleinere Übel« zu gewöhnen. Das aber hieß in Arendts Sicht keineswegs, daß sich unter Berufung auf Gehorsam, wo er eingefordert wird, die Verantwortung für das eigene Handeln auf ein verbrecherisches System abschieben läßt.[37]

Eichmann war nicht bereit, sich von seinen »Göttern« abzuwenden, obwohl sie ihm aus seiner Sicht eine leidvolle Aufgabe übertragen hatten und deshalb zu »Götzen« geworden waren. Nach der Verlesung der Anklage gab er vor Gericht in allen Punkten eine gleichlautende Antwort: »Im Sinne der Anklage nicht schuldig.« In welchem Sinne meinte er denn, schuldig zu sein? In Argentinien hat er seine antisemitischen Überzeugungen gegenüber Sassen nicht verborgen. Vor allem aber rekurrierte er auf seine »Zuständigkeiten« und mangelnden Befugnisse im Rah-

---

[35] Ebd., S. 81.
[36] Hannah Arendt, Persönliche Verantwortung in der Diktatur. In: dies., Israel, Palästina und der Antisemitismus. Aufsätze. Hrsg. von Eike Geisel und Klaus Bittermann, Berlin 1991, S. 7–38, hier S. 27.
[37] Ebd., S. 27 und 35.

men des Systems. Der pflichtbewußte Bürokrat und gehorsame Befehlsempfänger wuchs an seinen Aufgaben. Unter dem ständigen Druck vermeintlicher Zwangslagen und Blockaden entschied er sich – »hart, aber unumgänglich« –, stets für die radikalere »Lösung«.

Ein reines Gewissen verschaffte ihm im Nachhinein, daß er mit der schlimmsten »Lösung« angeblich nichts zu tun gehabt hatte. Der Gedanke, den Terror und die Gewalt als mehr denn Auswüchse eines Systems zu betrachten, blieb ihm verschlossen, denn er hatte sich dem System restlos verschrieben. Durchdrungen von der Überzeugung der »Rechtmäßigkeit« seines Handelns wünschte er sich im Interview mit Sassen das Gericht herbei, das ihn freisprechen würde:

»Wenn es gelingen würde, ein Gremium von Juden und auch Nichtjuden aufzustellen, die nun eine jede Arbeitsminute der Zeit, in der ich als Referent römisch IV B 4 tätig war, in der ich als Leiter, als Führer des Einsatzkommandos Eichmann in Ungarn tätig war, in der ich als Leiter der Zentralstelle für jüdische Auswanderung in Wien tätig war, in der ich als Sachbearbeiter und später Referent im Amt VII tätig war, wenn die also das gesamte Arbeitsleben vom Jahr 1934 bis 1945 gründlich durchhecheln würden und hier sachlich bleiben würden, dann will ich Ihnen etwas sagen: Dann müßte mich ein solches Gremium, das zusammentreten soll um mich zu verurteilen, müßte mich freisprechen, weil während meiner Amtsführung hat es keine Willkür gegeben, in meinem Dezernat, in meiner Dienststelle. Wo ich solche (...) antraf, habe ich aber unverzüglich und unbarmherzig durchgegriffen.«[38]

Was Eichmann in endlos lange Sätze faßte, war als Beleg für seinen bedingungslosen Gehorsam gedacht. Einzig seine Berufung auf »Zuständigkeiten« und »Unzuständigkeiten« verlieh ihm noch Halt. Insofern war seine mit Erstaunen quittierte Äußerung in Jerusalem, daß die Judenvernichtung »eines der kapitalsten Verbrechen innerhalb der Menschheitsgeschichte« darstelle, eine Phrase.[39] Sie kam ihm bezeichnenderweise erst vor Gericht

---

[38] Nachlaß Eichmann, BArch, N 1497, Ton 1367/6, K IX/C (Forts.) + D, Nr. 104 ff.

[39] So Eichmann vor Gericht am 13.7.1961, vgl. State of Israel, Ministry

in den Sinn. Eichmanns Gewissen rührte sich auch nicht angesichts der Filmaufnahmen aus den Konzentrations- und Vernichtungslagern, die im Prozeß gezeigt wurden und die er in der ihm eigenen Sprache als »Lebensauslöschungsfelder« bezeichnete.[40] In Israel blieb ihm nichts anderes übrig, als seinen Antisemitismus kategorisch zu verleugnen. Auf diese Weise wollte er der Weltöffentlichkeit erklären, daß er unschuldig war. Bis zuletzt blieb Eichmann unfähig, sich vom Standpunkt eines anderen Menschen etwas vorzustellen, wie Hannah Arendt schrieb. Deshalb konnte er auch kein Mitgefühl für die Menschen aufbringen, die er in den sicheren Tod schickte, und gewiß nicht verstehen, was »Banalität des Bösen« meint.

Eichmann war eben nicht nur ein befehlsgetreuer, gehorsamer Funktionär, ein banales Werkzeug der Vernichtung, sondern ein rabiater Ideologe, der die Judenvernichtung aus nationalsozialistischer Gesinnung mitbetrieb. Ganz eindeutig läßt sich das an zwei Beispielen beweisen:

Als ihm im Dezember 1942 der Antrag vorgelegt wurde, die jüdische Stieftochter des Schriftstellers Jochen Klepper auswandern zu lassen (und dieser Antrag wurde sogar vom Reichsinnenminister Wilhelm Frick unterstützt), weigerte sich Eichmann entschieden – obwohl er ja zu Beginn seiner Karriere angeblich durchaus bestrebt war, die Auswanderung bzw. später die Ansiedlung der Juden in einem Reservat, eventuell in Madagaskar, zu forcieren. Jetzt aber, da mit dem Krieg die Möglichkeit der systematischen Vernichtung der Juden gegeben schien, interessierte ihn die Emigration nicht mehr, sondern er betrieb direkt die Organisation der Vernichtung.

Noch deutlicher kam diese Gesinnung im Falle Ungarns zum Ausdruck: Als 1944 der Reichsführer-SS Heinrich Himmler die »Endlösung«, speziell die Deportation der ungarischen Juden einzustellen bereit schien, widersetzte sich Eichmann und führte auch gegen Himmlers Befehl die Deportation nach Auschwitz

---

of Justice, The Trial of Adolf Eichmann. Record of Proceedings in the District Court of Jerusalem. Vol. IV, Jerusalem 1993, S. 1662; dazu Arendt (Anm. 6), S. 50.

[40] Adolf Eichmann, »Götzen«, Aufzeichnungen im Gefängnis in Israel, datiert 6. 9. 1961, Abschrift 676 S., Israel State Archive (ISA), Jerusalem.

hemmungslos fort – nicht mehr als Befehlsempfänger, sondern als radikaler Antisemit und Judenvernichter.

Die Rezeption des Eichmann-Prozesses in der deutschsprachigen Presse, die sich intensiv mit der Persönlichkeit Eichmanns beschäftigte, ist vor diesem Hintergrund aufschlußreich. Der Historiker Peter Krause vertritt die Ansicht, daß es dem ebenso wehleidigen wie unscheinbaren Eichmann, der wiederholt behauptete, er sei nie ein Antisemit gewesen und habe für die Juden immer nur das Beste gewollt, gelungen sei, bei dem einen oder anderen Prozeßbeobachter Zweifel an der Zielgerichtetheit seiner ideologischen Überzeugung auszulösen. So habe der Historiker und Korrespondent der *Süddeutschen Zeitung* Albert Wucher erst am Ende des Prozesses wieder zu seiner ursprünglichen Charakteristik Eichmanns als eines überzeugten, rabiaten Nationalsozialisten zurückgefunden, während Alice Kempe vom *Tagesspiegel* erst im Laufe des Prozesses entdeckt habe, daß Eichmann auch aus Überzeugung gehandelt haben könnte.[41]

Ebenfalls erst vor kurzer Zeit behauptete Hauke Brunkhorst, der im Prozeß entstandene Eindruck von Eichmanns schierer »Gedankenlosigkeit«, die aus der Unfähigkeit oder Unwilligkeit bestehe, »sich die logischen Konsequenzen seines eigenen Tuns wirklich klar zu machen«, habe Arendt genötigt, ihre in den *Elementen und Ursprüngen* formulierte Vorstellung zu korrigieren. An die Stelle des »mit ideologischer Konsequenz radikal Bösen« gängiger Totalitarismustheorien, das Arendt in ihrem Schlußwort über »Ideologie und Terror« im Sinne einer geschlossenen ideologischen Gesellschaft entworfen habe, sei für sie nach dem Eichmann-Prozeß die »Gedankenlosigkeit« des »banal Bösen« getreten.[42]

Der scheinbare Gegensatz der Auffassungen, der hier zutage tritt, besteht darin, daß die geplante Realisierung der »Endlösung der Judenfrage« offenbar für die einen – und verständlicherweise besonders für die von der Vernichtungspolitik Betroffenen – einzig als das Werk fanatischer Ideologen denkbar ist, die bewußt auf dieses Ziel hingearbeitet haben. Auf der anderen Sei-

---

[41] Peter Krause, Der Eichmann-Prozeß in der deutschen Presse, Frankfurt am Main–New York 2002, S. 190.
[42] Hauke Brunkhorst, Hannah Arendt, München 1999, S. 53.

te stehen diejenigen, die Rassismus und Antisemitismus als Motivation der Vernichtungsabsichten nicht relativieren wollen, aber zugleich den totalitärer Herrschaft immanenten Selbstzwang hervorheben, der jede Ideologie überflüssig macht, da es zum Wesen des absoluten Machtanspruchs gehört, daß am Ende die Mittel einen vollkommen sinnlos gewordenen Zweck heiligen.

Auch der Deportationsspezialist Eichmann spürte durchaus diesen Widerspruch zwischen Realität und Praxis. Zu seiner Selbstrechtfertigung hat er ihn als »eine Art gewollte und bewußte Schizophrenie« bezeichnet und behauptet, es sei zu einer Spaltung zwischen seinem »inneren« und seinem »äußeren Ich« gekommen, wobei sich letzteres »fast gänzlich der Führung hingab«.[43] Auf der einen Seite war Eichmann stolz auf seine Erfolge bei der Austreibung der Juden und seine steile Karriere als Spezialist für Deportationen und erklärte in völliger Verkehrung der Tatsachen, daß der »Vernichtungswille« der »damaligen Feinde« an sein »vaterländisches Gewissen« appelliert habe: »Der Fehler, abgesehen vom Grundsätzlichen, war, daß mich meine damalige Führung an einen für mich vollkommen ungeeigneten Platz stellte, den ich von mir aus nicht zu wechseln vermochte, es sein denn, über den Weg der Desertation. Den Weg aber lehnte ich ab.«[44] Und auf der anderen Seite merkte er gar nicht, daß der Ehrgeiz, mit dem er seine eigenen Ziele verfolgte und sich dabei zugleich als »Judenretter« stilisierte, nur ein Ausdruck – oder besser gesagt: die Kehrseite – seines auf die Spitze getriebenen Gehorsams war.

Zweifellos kann man sich über Eichmanns selbst diagnostizierte Persönlichkeitsspaltung entsetzen und sie als Ausdruck seines Vernichtungswillens und Antisemitismus deuten, den er im Angesicht seines Scheiterns zu seiner Selbstrechtfertigung anführte, indem er sich als in die Irre geführten Spezialisten darstellte. Dennoch aber taugen Eichmanns in Argentinien auf Tonband aufgenommenen »Memoiren« nicht für einen Paradigmenwechsel der Forschung in Richtung auf eine rein ideologiegeschichtliche Ableitung des grauenhaften Geschehens.

---

[43] Eichmann (Anm. 40), S. 597 f.
[44] Ebd.

Auch besteht die Gefahr, daß die angebliche Persönlichkeitsspaltung Eichmanns im Nachhinein als Rechtfertigung benutzt wird. Eichmann in diesem Punkte ernst zu nehmen, und das ist nicht zu vermeiden, löst offenbar bei allem Unverständnis gegenüber der »nationalsozialistischen Unnatur« Verständnis, wenn nicht gar (wie bei Alice Kempe vom *Tagesspiegel*) Mitleid mit einer »verirrten Seele« aus.[45] Und das ist gefährlich: Ein Verbrecher wie Eichmann, der nie die Verantwortung für seine Taten übernommen hat und deshalb auch nie Mitgefühl mit seinen Opfern aufbringen konnte, erscheint dann selbst als Opfer der inhumanen, mörderischen Verhältnisse, die er mitgeschaffen hat. Vergleichbar damit ist die abstruse Behauptung von Joachim Fest, daß Hitler sich bewußt verstellt und gelernt habe, sein eigenes Wesen zu verbergen.[46] In Wirklichkeit jedoch lebte Hitler in der gleichen größenwahnsinnigen und verstellten Phantasiewelt wie Eichmann und die vielen anderen, die glaubten, sich im Rahmen des totalitären Systems des Nationalsozialismus endlich selbst verwirklichen zu können, indem sie andere demütigten, verfolgten und ermordeten.

Die Ursachen für den Judenmord in diesem Wirkungsmechanismus zu suchen, wird die Forschung weiterhin beschäftigen, und die Geschichtswissenschaft steht hier zum Teil noch am Anfang. Das tiefgehende Mißverständnis, das Arendts These von der »Banalität des Bösen« entgegenschlug und das hier zur Diskussion steht, scheint in einer vergleichbaren Projektionsleistung ihrer Kritiker zu liegen. Deren Ursache liegt meines Erachtens in der schwer zu ertragenden »Ambivalenz des Bösen« – die im übrigen nicht nur Fest in seiner Speer-Biographie[47], sondern auch allen Hitler-Biographen zu schaffen gemacht hat –, die uns an den Äußerungen Eichmanns in seinen »Memoiren« und vor dem Jerusalemer Gericht erschreckt. Sie besteht in Eichmanns gänzlich fehlendem Schuldbewußtsein auf der einen und der über-

---

[45] Alice Kempe, Adolf Eichmann – Der letzte Akt (Tagesspiegel, 16.12.1961), zit. nach Krause (Anm. 41), S. 185.
[46] Vgl. Arno Gruen, Der Fremde in uns, Stuttgart 2000, S. 71 in Bezug auf Joachim Fest, Hitler, Berlin 1978.
[47] Joachim Fest, Speer. Eine Biographie, Berlin 1999.

mächtigen Beweislage gegen ihn auf der anderen Seite, zumal er sein Können als Transportspezialist der »Endlösung« nie in Frage gestellt hat. Deshalb seine Äußerungen stets als eindeutige Lüge abzutun, bedeutet jedoch, es sich allzu leicht zu machen, denn diese Haltung bestätigt nur die Verleugnung und Feigheit vor der Verantwortung, derer Eichmann und die vielen anderen sich nach dem Krieg schuldig gemacht haben. Darin besteht eigentlich die sogenannte »zweite Schuld«, wie Ralph Giordano ein Buch betitelte[48], und nicht allein in dem mangelnden Willen zur Bestrafung der NS-Täter und der Entlarvung ihrer Selbstrechtfertigungen als Lüge. Diese Projektionsleistung aufzudecken und zu erklären, warum sie auch den nachfolgenden Generationen die Sicht auf das Verbrechen verstellte, weil sich diese vor der Gewalt zu schützen versuchten, der sich die Elterngeneration im Großen und im Kleinen schuldig gemacht hatte, weil sie nicht »Nein« gesagt hatte und dieses niederschmetternde Versagen damit an ihre Kinder und Enkel weitergegeben hatte, ist kein leichtes Unterfangen und für alle Betroffenen schmerzhaft.

Für die Opfer der Vernichtungspolitik war und ist diese Sichtweise fast unerträglich, da sie aus fanatischen Antisemiten und Judenvernichtern, scheinbar aus Monstern wieder Menschen machen muß, deren gehorsames und auf nichts als sinnentleerter »heiliger« Pflichterfüllung beruhendes Handeln man erklären kann. Insofern ist Arendts Sichtweise zutiefst human, denn sie stellte sich dem Aggressor Eichmann und dem Schmerz, der in Hausners (An-)klage zum Ausdruck kam, indem sie zu erklären versuchte, daß die Pose des Beleidigten, die Eichmann ebenso wie Hitler und auch Speer an den Tag legten, Feigheit war und aus der Unfähigkeit resultierte, sich dem eigenen Versagen zu stellen. Während Hitler Selbstmord beging, fiel Eichmann nichts Erhabeneres ein, als eben damit zu drohen – doch dazwischen bestand kein großer Unterschied. Eichmann war nicht imstande, sich selbst in Frage zu stellen und die Verantwortung dafür zu

---

[48] Ralph Giordano, Die zweite Schuld. Von der Last Deutscher zu sein, Hamburg–Zürich 1987.

übernehmen, daß er Tausende Menschen in den Tod transportieren ließ. Diese Feigheit, die als Gedankenlosigkeit daherkam, war zutiefst gewöhnlich und banal.

Doch sie rührt nicht an die Tatsache, die in Arendts Prozeßbericht fast gänzlich in den Hintergrund trat, in dem Interview, das der ehemalige SS-Offizier Wilhelm Sassen mit Eichmann in Argentinien führte, jedoch am deutlichsten wurde: In der Person des ehemaligen »Judenreferenten« im Reichssicherheitshauptamt tritt uns ein rabiater Nationalsozialist entgegen. Treffend charakterisierte ihn der Prozeßberichterstatter der *Süddeutschen Zeitung* als »gewissenhaftes Werkzeug der Gewissenlosigkeit« – und daran ändern auch Eichmanns jüngst bekannt gewordene Selbstrechtfertigungen nichts. Eichmann war weder ein bloßes Opfer der Verhältnisse noch der unbedeutende Funktionsträger, als den er sich selbst vor Gericht darzustellen versuchte. Im Unterschied zu seiner vor Gericht und in der Gefängnisniederschrift »Götzen« vertretenen Behauptung, er sei nur ein in die Irre geführter pflichtbewußter Bürokrat gewesen, hat er mitgedacht.[49]

Im Prozeß konfrontierte Generalstaatsanwalt Hausner den Angeklagten mit seinen eigenen Worten: »Sie sagen: Sie waren kein normaler Befehlsempfänger, Sie haben mitgedacht. Stimmt das, haben Sie so gesagt?« Eichmann darauf: »Nein, das kann ich mir nicht vorstellen.« Hausner: »Nein, Sie haben nicht mitgedacht. (...) Sie waren ein Trottel?« Wieder Eichmann: »Ja, mitgedacht habe ich selbstverständlich.« Hausner: »Sie waren kein Trottel?« Eichmann: »Nein, das war ich nicht.« Hausner: »Sie waren ein Idealist.« Eichmann: »Ein Idealist war ich auch.« Hausner: »Also, das stimmt, was hier steht?« Eichmann: »Nein, aber ich war kein, ich war kein, ich war ein Befehlsempfänger. Ich habe diese jüdische Angelegenheit aus Idealismus solange gemacht, solange es sich um aufbauende Werte handelte, aber nicht, sobald es sich um abbauende Werte handelte.« Eichmann behauptete sogar, daß er dabei »schöpferisch« gehandelt habe. Das aber entspricht durchaus dem, was er in Argentinien seinem Gesinnungsgenossen Sassen aufs Tonband diktiert hatte: »Ich war kein normaler

---

[49] Eichmann (Anm. 40), S. 15.

Befehlsempfänger, dann wäre ich ein Trottel gewesen, sondern ich habe mitgedacht, ich war ein Idealist gewesen.«[50]

---

[50] Sassen-Interview, Transkript, Eichmann-Prozeß (Unterlagen Servatius), Bd. 5, S. 49, Bundesarchiv (BArch), All. Proz. 6/95.

Jason Weber

Normalität und Massenmord

Das Beispiel des Einsatzgruppenleiters Otto Ohlendorf

>»Es gibt aber keine harmlose Normalität, der ›Normale‹ ist schon auf dem Weg zum Handlungsgehilfen des politischen Systems. Nur wer zu nichts Bürgerlichem taugt, taugt auch nicht zum Faschisten.«
>
> *Peter Brückner*

Otto Ohlendorf – ein »idealer« Vollstrecker?

Eines der wichtigsten Zentren der nationalsozialistischen Herrschaft war der Polizei- und Sicherheitsapparat unter Leitung Heinrich Himmlers. Für diesen Apparat wurden Männer rekrutiert, die in verschiedensten Funktionen Terror, Krieg und die Vernichtung der Juden mit zu verantworten hatten. Sie waren jung, zumeist Akademiker und bekennende Nationalsozialisten und Antisemiten. Sie entsprachen ganz dem von Wilhelm und Krausnick als »Weltanschauungskrieger«[1] bezeichneten Tätern. Diesem Personenkreis ist auch Otto Ohlendorf[2] zuzurechnen.

---

[1] Helmut Krausnick/Hans Heinrich Wilhelm, Die Truppen des Weltanschauungskrieges der Einsatzgruppen, der Sicherheitspolizei und des SD 1938–1942, Stuttgart 1981.

[2] Auffällig ist, daß Ohlendorf in fast jeder Arbeit, die sich mit NS-Tätern beschäftigt, Erwähnung findet. Doch gibt es, im Gegensatz zu vielen anderen Tätern, bisher keine ausführliche Biographie, die seine Person historisch und sozialpsychologisch untersucht. Dies liegt wahrscheinlich an der ausgesprochen dürftigen Quellenlage.

Aufgrund seiner Stellung und seines biographisch bemerkenswerten Lebensweges soll der Jurist und selbst ernannte Wirtschaftsexperte im Mittelpunkt dieser Untersuchung stehen.

Otto Ohlendorf steht auf einer Stufe mit Tätern wie Adolf Eichmann, Werner Best oder Paul Blobel³. Er gehörte zu einem Täterkreis von Spezialisten und Halbintellektuellen, der sich als ausführende und konkret handelnde Funktionselite aus der bürgerlichen Mitte der nationalsozialistischen Gesellschaft rekrutierte. Ohlendorf hat es im Laufe seiner zweifelhaften Karriere trotz seines vergleichsweise jungen Alters in der Hierarchie bis in die mittlere Entscheidungsebene des NS-Regimes gebracht. Er war gelernter Jurist, hatte zusätzlich Erfahrungen in der Nationalökonomie vorzuweisen und strebte eine Universitätslaufbahn an. Im Vergleich zu vielen anderen, die in der Hierarchie ähnliche Funktionen innehatten, galt Ohlendorf bei seinen Vorgesetzten als hochqualifiziert und intellektuell. Er hatte den Ruf eines nationalsozialistischen Akademikers, der die ideologischen Zielsetzungen mit besonderem Ehrgeiz vertrat. Er war Vertreter einer nüchternen, unterkühlten und rationalistischen Ausle-

---

3 Blobel befehligte das Einsatzgruppenkommando 4a von Juni 1941 bis Januar 1942. In dieser Zeit hat die Einheit 60 000 Morde zu verschulden. Er war als Kommandeur für eines der grausamsten und größten Verbrechen an der russischen Zivilbevölkerung überhaupt verantwortlich – für das Massaker von Babi Jar. Man hatte die Menschen in die Schlucht getrieben und dann deren Wände gesprengt. Später befehligte er das *Sonderkommando 1005*. Hier führte er zunächst ›Untersuchungen‹ durch, wie man die Leichen der Exekutierten verschwinden lassen könnte. Danach stellte er die sogenannten ›Enterdungskommandos‹ auf und leitete sie. Blobel war Architekt, der in der Weltwirtschaftskrise 1928/29 und durch Trunksucht seine finanzielle Existenz verloren hatte (Siehe Gerald Reitlinger, Die Endlösung. Ausrottung der Juden Europas 1939–1945, München 1964, S. 176). Daraufhin »wurde [der Angeklagte] von der Gewalt der Auseinandersetzung zwischen den großen politischen Parteien ergriffen und sein Anwalt faßt (...) zusammen: ›Diese Situation allein macht das spätere Verhalten des Angeklagten Blobel verständlich.‹« (Kazimierz Leszczyński (Hg.), Fall 9: Das Urteil im SS-Einsatzgruppenprozeß, Ost-Berlin 1963, S. 166) Blobel wurde zusammen mit Ohlendorf, Braune, Naumann und Pohl im Einsatzgruppenprozeß zum Tode verurteilt und 1951 hingerichtet. Vizekanzler Blücher hatte gegen die Hinrichtung protestiert. Vgl. Reinhard Henkys, Die nationalsozialistischen Gewaltverbrechen, Stuttgart–Berlin 1964, S. 204.

gung der nationalsozialistischen und rassistischen Ideologie und erscheint so als idealer Vollstrecker. Er begriff sich selbst als ›besseren Nazi‹. Selbstbereicherung und Eitelkeiten verurteilte er als Verrat an den ideologischen Prämissen. Sein Ideal war das eines nach den Maximen der nationalsozialistischen Bewegung lebenden Mannes, der sich weder von seiner Macht noch von seinem Einfluß korrumpieren ließ. Er entsprach so ganz dem von Hitler und Himmler gezeichneten Bild vom unbeugsamen deutschen ›Herrenmenschen‹. Männer wie Ohlendorf, die während des Krieges die Verantwortlichen der SS und ihrer Unterorganisationen waren, sollten die zukünftige Elite eines angestrebten nationalsozialistischen Großdeutschlands bilden. Junge ambitionierte, völkischen Idealen verfallene Männer fanden in der SS und der Gestapo ihre geistige Heimat und einen Ort, an dem sie Machtansprüche und Vernichtungsphantasien ungehindert ausleben konnten.

Im Einsatzgruppenprozeß[4] kamen die Richter in ihrer Urteilsbegründung zu einer gleichsam kryptischen Beurteilung des Angeklagten Otto Ohlendorf:

»Wenn der Menschenfreund und Einsatzführer in einer Person verschmolzen, könnte man annehmen, daß wir es mit einem Charakter zu tun haben, der dem von Robert Louis Stevenson in seinem ›Dr. Jekyll and Mr. Hyde‹ beschriebenen gleicht. So interessant es sein würde, bei dieser möglichen Doppelnatur zu

---

[4] Der Einsatzgruppenprozeß war der Fall 9 der sogenannten Nürnberger Nachfolgeprozesse vor dem amerikanischen Militärtribunal. Die Prozesse wurden gegen Täter bestimmter Berufsgruppen geführt, z. B. gegen Ärzte, Juristen und Industrielle. Der Einsatzgruppenprozeß begann am 15. September 1947 und endete mit der Urteilsverkündung am 10. April 1948. Angeklagt waren neben dem Hauptangeklagten Ohlendorf 22 (zumeist) führende Vertreter der Einsatzkommandos von SS und SD. 14 von ihnen wurden zum Tode verurteilt, 2 erhielten lebenslängliche, 5 Haftstrafen zwischen 10 und 20 Jahren, eine Haftstrafe (Matthias Graf) galt mit der Urteilsverkündung als abgesessen. 1951 entschied der Hohe Kommissar McCloy über die Gnadengesuche der Angeklagten, dabei wurden die Todesstrafen gegen Ohlendorf, Naumann, Blobel und Braune bestätigt, die anderen in lebenslängliche oder Haftstrafen zwischen 8 und 25 Jahren umgewandelt. Viele von ihnen wurden aber bereits in den 50er Jahren wieder auf freien Fuß gesetzt. Vgl. Reinhard Henkys, Die nationalsozialistischen Gewaltverbrechen (Anm. 3), S. 252 ff.

verweilen, der Gerichtshof kann seine Entscheidung nur über den Ohlendorf treffen, der, wie er selbst sagt, eine Organisation leitete, die nach ihren eigenen Meldungen 90 000 Menschen umbrachte.«[5]

Ohlendorf war in seiner Funktion als Einsatzgruppenleiter am Massenmord an den Juden hinter der Ostfront unmittelbar verantwortlich. Er war kein Mitläufer oder Schreibtischtäter, sondern direkt am Vernichtungsprozeß der Nazis beteiligt. Deswegen liegt die vollkommene Etikettierung als Menschenfreund oder gar als Humanist, wie sie von den Richtern des Nürnberger Militärtribunals vorgenommen wurde, neben der Sache. Das Erschreckende an Ohlendorf war für die Beobachter vor Gericht nicht sein Auftreten, sondern eher der normale Eindruck, den er hinterließ. Im Gerichtssaal erschien er als umgänglicher, erklärungsbereiter Mensch. Erst durch die Schilderung der Taten wurde der kaltblütige Befehlshaber, das gewissenlose Handeln und seine Schuldabwehr sichtbar. Robert Jay Lifton schreibt in diesem Zusammenhang über die Dichotomie der nationalsozialistischen Täter:

»Sie waren weder brillant noch dumm, weder von Geburt aus böse noch in moralischer Hinsicht besonders sensibel, sie waren also keineswegs die dämonischen Figuren – sadistisch, fanatisch und mordgierig –, für die sie oft genug gehalten worden sind. (...) Aber es ist dämonisch, daß sie nicht dämonisch waren.«[6]

Als Kommandeur der Einsatzgruppe D hatte Ohlendorf großen Anteil an der Vernichtung der Juden in der Ukraine und auf der Krim. Vor dem Nürnberger Kriegsverbrechertribunal sprach er, auf den Sinn der Einsatzgruppen angesprochen, von einer Tätigkeit, die dem Wohl der einheimischen Bevölkerung förderlich und von einer Aufgabe, die eine »in Wirklichkeit ... ausgesprochen positive, wenn ich vom Grundbefehl der Tötung absehe«[7], war.

Ohlendorf war als Zuarbeiter, Planer und Organisator im NS-Sicherheitsapparat gefragt. Er beschaffte und sammelte Infor-

---

[5] Leszczyński, Fall 9 (Anm. 3), S. 146.
[6] Robert J. Lifton, Ärzte im Dritten Reich, Stuttgart 1988, S. 3.
[7] Nbg./Fall IX, S. 538. Zitiert nach Krausnick/Wilhelm, Die Truppen des Weltanschauungskrieges (Anm. 1), S. 156.

mationen für die NS-Führung. Ohlendorf wurde in der SS bis in den Rang eines Obergruppenführers befördert[8] und war Leiter des Inlandnachrichtendienstes. In einer Doppelfunktion hatte er in der Reichsgruppe ›Handel‹ zudem die Aufgabe, den Mittelstand an das System zu binden, um während des Krieges die Versorgung der einheimischen Bevölkerung mit lebenswichtigen Gütern zu sichern. In den letzten Jahren des Krieges galt er als Fachmann für Wirtschaftsangelegenheiten darüber hinaus als heimlicher Reichswirtschaftsminister. Nach Robert Jay Lifton bedarf die Organisation eines Genozids der Mitarbeit einer Vielzahl hochausgebildeter Spezialisten. Ärzte, Wissenschaftler, Rechtsanwälte, Militärs, Professoren und Lehrer waren einbezogen in die bürokratische Organisation, die technische Umsetzung des Genozids, seine ideologische Rationalisierung und schließlich auch in seine praktische Umsetzung.

Bei der Beschäftigung mit den NS-Tätern stellt sich die Frage, ob jeder unter bestimmten gesellschaftlichen Bedingungen zum Massenmörder werden kann. Welche spezifischen Voraussetzungen müssen erfüllt sein? Wie kommt es, daß ein Täter, der Tausende von Menschen ermordet hat, in seinem Alltag als ›normal‹ erscheint? Die Täterpsychologie analysiert Besonderheiten und Eigenheiten in der Biographie der Täter. Es wird nach Schlüsselerlebnissen und gescheiterten Sozialisationsverläufen gesucht, um das Handeln der Täter verstehbar zu machen.

Drei Aspekte Ohlendorfs Biographie sollen im weiteren diskutiert werden: Seine Rolle als Chef der Einsatzgruppe D, seine Aussagen vor dem Nürnberger Kriegsverbrechertribunal und seine Beziehung am Ende des Krieges zu Ludwig Erhard, dem späteren Bundeskanzler der neu gegründeten Bundesrepublik.

Vom Schreibtischtäter zum Einsatzgruppenmörder

Otto Ohlendorf wurde 1907 in Hoheneggelsen bei Hildesheim geboren. Aus seiner Kindheit und Jugend ist so viel bekannt: Er wächst als jüngster Sohn (drei Geschwister) eines mittelstän-

---

[8] Dies entsprach dem Rang eines Generals.

dischen Gutsbesitzers in ländlichem Gebiet auf. Der Vater war Anhänger der konservativen DNVP, das Umfeld demnach traditionell bürgerlich-konservativ. Von 1917 bis 1928 besuchte er das Adreaneum, ein humanistisches Gymnasium in Hildesheim. Sein Abitur schaffte er nur mit Mühe und mit Hilfe seiner späteren Frau Käthe.⁹ Schon 1925, noch während seiner Schulzeit, trat er in NSDAP und SA ein und erhielt die Mitgliedsnummer 6531. 1927 wurde er von der SA an die SS überstellt. Seine Mitgliedsnummer 880 weist auch hier den ›alten Kämpfer‹ aus und macht ihn zum Nazi der ersten Stunde. Schon seit der Schulzeit war Ohlendorf für die Partei politisch aktiv. Erst in seiner Heimatregion, dann für kurze Zeit in Leipzig und später während des Jurastudiums in Göttingen (1928–1931). 1929 sollte er die Wahlen im Kreis Nordheim für die NSDAP gewinnen. Unter seiner Leitung errang die Partei auf Kreisebene im Gau Hannover-Süd das erste Mal die absolute Mehrheit der Stimmen.

Nach seinem Referendarsexamen ging Ohlendorf 1931 für ein Jahr nach Italien, um in Pavia Staatswissenschaften und das faschistische Korporationswesen zu studieren.¹⁰ Den italienischen Faschismus lehnte er als zu autoritär und auf Mussolini zugeschnitten ab. Nach seiner Ansicht sollte nicht ein Führer die alleinige Macht besitzen, sondern die »Volksgemeinschaft sollte im Mittelpunkt stehen und aktiv durch ›Träger des Volksbewußtseins‹ agieren«. Das Führerprinzip lehnte er strikt ab.¹¹

Nach dem Auslandsaufenthalt strebte Ohlendorf eine wissenschaftliche Karriere an. Zu diesem Zweck wollte er mit seinen Erkenntnissen aus dem Italienaufenthalt eine Promotion beginnen, doch seine Wünsche erfüllten sich nicht und so setzte er 1932 die ungeliebte juristische Ausbildung in Deutschland fort.

---

⁹ Aus der Ehe von Käthe und Otto Ohlendorf gingen fünf Kinder hervor.
¹⁰ Der Aufenthalt wurde finanziert durch ein Stipendium, für das ihn Professor Jessen vorgeschlagen hatte, Ohlendorfs langjähriger väterlicher Freund und Förderer.
¹¹ Interessant hieran ist, daß Ohlendorf seine ausgeprägt kritische Haltung gegenüber Vorgesetzten und NS-Machthabern nie auf Hitler selbst bezog. Die Person Hitler war zumindest öffentlich unantastbar. Diese Haltung paßt nicht zum frühen Kritiker des Führerprinzips, macht aber seinen Opportunismus deutlich.

Der Nationalökonom Professor Jessen machte ihm schließlich 1933 eine Offerte, als Direktionalassistent am Institut für Weltwirtschaft in Kiel zu arbeiten. Aufgrund von Konflikten mit der örtlichen Parteizentrale mußte er zusammen mit seinem Mentor Kiel allerdings bald wieder verlassen und folgte Jessen 1934 nach Berlin. Hier übernahm er die Stelle eines Abteilungsleiters am Institut für angewandte Wirtschaftswissenschaften. Beide verfolgten gemeinsam die Idee, auf der Basis der nationalsozialistischen Wirtschaftsideologie eine Wirtschaftshochschule zu etablieren. Die Gründe für ein derartiges Projekt lagen in den nach ihrer Einschätzung schlecht umgesetzten ökonomischen Potentialen des nationalsozialistischen Staates. Ohlendorf selbst verband mit den Bemühungen auch die Hoffnung auf Fortsetzung seiner akademischen Karriere. Ihre »schwärmerischen« und unrealistischen Vorstellungen einer eigenständigen nationalsozialistischen Wirtschaftspolitik stieß auf wenig Interesse bei der NS-Führung. Ein Scheitern war vorprogrammiert.

Ohlendorfs Hochschulkarriere war so schon beendet bevor sie richtig begonnen hatte.[12] In der Verzweiflung unterstützte ihn wieder einmal Professor Jessen[13] und vermittelte ihm eine Stelle im SD. Im Mai 1936 wurde er vorübergehend Leiter der Abteilung II/23. Die Aufgabe war für den Organisator wie geschaffen, er sollte einen Inlandsnachrichtendienst aufbauen und leiten. Der

---

[12] Hannah Arendt sieht hierin ein typisches Merkmal für die ›Vollstrecker der Endlösung‹. Sie schreibt: »Daß eine zunächst gescheiterte Existenz in der Tätigkeit für das Regime (...) eine gewisse Befriedigung fand, ohne jemals die extreme Subalternität abzustreifen, erscheint für die Gruppe der NS-Straftäter nachgerade typisch«. Hannah Arendt, Eichmann in Jerusalem, München 1986, S. 25. Auch Werner Best mußte vor seiner Karriere in der SS als Richter auf Grund der Verwicklung in den Skandal um die Boxheimer Dokumente zurücktreten.

[13] Prof. Jessen wendete sich später von den nationalsozialistischen Idealen ab. Er wurde im Zusammenhang mit dem Attentat auf Hitler am 20. Juli 1944 festgenommen und als Widerstandskämpfer hingerichtet. Ohlendorf, in der Zwischenzeit ein einflußreicher Mann, weigerte sich, sich für seinen einstigen Förderer und langjährigen Wegbegleiter einzusetzen. Jessen habe, so Ohlendorf, die nationalsozialistischen Ideale verraten und müsse die Konsequenzen dafür tragen. Siehe Hanno Sowade, Otto Ohlendorf – Nonkonformist, SS-Führer und Wirtschaftsfunktionär. In: Ronald Smelser, Die braune Elite, Darmstadt 1989, S. 194.

Inlandsnachrichtendienst war ein »Bespitzelungsamt«, eine Art »Meinungsforschungsinstitut der Diktatur«.

Aufgrund der gesammelten Informationen konnte die Gestapo ihren Terror gegen die eigene Bevölkerung weiter ausdehnen.[14] Gefährlich war Ohlendorfs Inlandsnachrichtendienst für die Bevölkerung, für die Mitglieder der NS-Führung im Amt III unbequem. Durch seine ungeschönten Berichte machte er sich schnell unbeliebt. Die monatlich an alle Abteilungen des Sicherheits- und Polizeiapparates verteilten sogenannten ›Meldungen aus dem Reich‹[15] wurden von vielen seiner Vorgesetzten mit bis in offene Feindschaft mündende Wut aufgenommen. Resultat war bald die erneute ›Kaltstellung‹. Seine Mitgliedschaft in der SS wurde in eine passive umgewandelt. Zwischen 1936 und 1939 arbeitete er dann als Geschäftsführer für die Reichsgruppe Handel. Hier entwickelte er seine Vorstellung einer nationalsozialistischen Wirtschaftspolitik weiter.

---

[14] Die ›Meinungsforschung‹ war für das Regime unentbehrlich: »Konkrete Maßnahmen, die der Systemstabilisierung dienten und von Gestapoeinsätzen bis zu Hitler-Reden reichten, können auf die SD-Berichterstattung zurückgeführt werden.« (Sowade, Otto Ohlendorf (Anm. 13) S. 195.) Reitlinger hierzu: Das »Amt III war nicht mehr (...) eine Art Auskunfts- und Informationsstelle für Staatsbürger, sondern ein das Leben jeden Einwohners überwachender Nachrichtendienst. (...) Der SD war durch Heydrichs Hände hindurchgegangen und zum ausführenden Organ der Gestapo geworden.« (Reitlinger, Die Endlösung (Anm. 3), S. 169.)

[15] Ergebnis dieser Tätigkeit eines »objektiven Nachrichtendienstes« über die sachlichen Probleme der einzelnen Lebensgebiete und die Auswirkungen der Maßnahmen der Staatsführung«, ohne den »keine Regierung in unserem Zeitalter hochkomplizierter Lebensverhältnisse auskommen kann«, waren die Stimmungs- und Lageberichte, die von 1938 bis in die letzten Kriegswochen aus zahllosen Einzelmeldungen zusammengestellt wurden. Sie standen mit den Berichten von Behörden der allgemeinen Verwaltung und der Justiz, von ›Hoheitsträgern‹ der NSDAP und Reichspropagandaämtern in der langen Tradition totalitärer Systeme, sich »als Ersatz für die in demokratischen Staaten erhältlichen Informationen mittels demoskopischer Umfragen« oder aus den Medien durch »Überwachung und Spitzeldienste« eine »genaue Kenntnis des Meinungsklimas und der Meinungskonstellationen« zu verschaffen, um dadurch wiederum die Möglichkeit zu gewinnen, durch Manipulation der öffentlichen Meinung die Zustimmung des beherrschten Volkes zu erreichen. Vgl. Heinz Boberach (Hg.), Meldungen aus dem Reich. Die geheimen Lageberichte des Sicherheitsdienstes der SS 1938–1945, Bd. 1, Herrsching 1984, S. 11.

Mit Kriegsbeginn kehrte Ohlendorf aber auf Geheiß Heydrichs, der auf den Organisator und Informationsfachmann nicht verzichten wollte, wieder in den aktiven Dienst des SD zurück. Im September 1939 übernahm er die Leitung des Amtes III, das für die deutschen Lebensgebiete zuständig war. Auch der Inlandsnachrichtendienst, den er ja schon mit aufgebaut hatte, oblag nun wieder seinem Verantwortungsbereich. Doppelämter für SS-Mitglieder entsprachen ganz der Strategie Himmlers und Heydrichs, die jede sich bietende Gelegenheit dazu nutzten, ihren Einfluß über den Polizeiapparat hinaus auszudehnen.[16] Ohlendorf hatte nun trotz seiner unbequemen Art eine wichtige Funktion erreicht, die ihn innerhalb des Systems unentbehrlich machte. Er hatte es durch seinen Ehrgeiz, sein Fachwissen in Wirtschaftsfragen und seine guten Kontakte zum Mittelstand ›weit‹ gebracht, obwohl er nicht als überdurchschnittlich begabt galt.[17]

Ohlendorfs Haltung gegenüber der Regimeführung soll auch dazu geführt haben, daß er von Berlin in die Ukraine abkommandiert wurde, um dort die Leitung der Einsatzgruppe D zu übernehmen, die für die sogenannten ›Säuberungsaktionen‹ hinter der Ostfront zuständig war. Die Einsatzgruppe D hatte unter Ohlendorfs Leitung 91 678 Juden und Regimegegner ermordet. Durch seine »Arbeit« bei den Einsatzgruppen hatte er aus Sicht seiner Vorgesetzten »Härte« und »Durchhaltevermögen« bewiesen. Der als Theoretiker und Organisator im Hintergrund gebliebene und deshalb verspottete Bürokrat hatte auf diese zynische

---

[16] Herbst schreibt: »Die Doppelstellung von Otto Ohlendorf, der auf ausdrücklichen Wunsch von Kaltenbrunner und mit Billigung Himmlers die Tätigkeiten des SD-Chef-Inland und des stellvertretenden Staatssekretärs im RWM parallel ausübte, ergibt in diesem Zusammenhang einen Sinn.« (Ludolf Herbst, Der totale Krieg und die Ordnung der Wirtschaft – Die Kriegswirtschaft im Spannungsfeld von Politik, Ideologie und Propaganda 1939–1945, Stuttgart 1982, S. 260.)

[17] Reitlinger nannte die für die Einsatzgruppen rekrutierten Männer einen »zusammengewürfelten Haufen von Halbintellektuellen« (Reitlinger, Die Endlösung (Anm. 3), S. 170). Bezogen auf Ohlendorf schreibt Sowade: »Zu diesem Zeitpunkt deutete nichts darauf hin, daß dieser mittelmäßig begabte, aber ambitionierte ›Intellektuelle‹ im Dritten Reich reüssieren würde. Sein (...) versponnenes Beharren auf einer eigenen ›Weltanschauung‹ sprach eher dagegen.« (Sowade, Otto Ohlendorf (Anm. 13), S. 190.)

Weise seine – wie es hieß – praktische soldatische Ausbildung nachgeholt. Der Schreibtischtäter wurde zum direkten Befehlshaber und Vollstrecker der Massenvernichtung, vom mittelbaren Gehilfen zum ›Herren über Leben und Tod‹.

Die Motive dafür, daß Ohlendorf das Kommando einer mordenden Einheit übernahm, wurden später vor Gericht ausführlich zu klären versucht. Ohlendorf war bereits vor der Abberufung zu den Einsatzgruppen durch seine vielfältigen Aufgabenbereiche in die Verbrechen des Regimes eingeweiht und eingebunden.[18] Jede seiner Aufgaben und Tätigkeiten waren direkt oder indirekt Bestandteil des verbrecherischen Gesamtsystems. Er versuchte alle die ihm »übertragenen Aufgaben ... nach bestem Wissen und Gewissen zu erfüllen«[19]. Hierzu gehörte auch die »Aufgabe« bei den Einsatzgruppen. Zwar versuchte er, so wird es von ihm zumindest vor Gericht dargestellt, anfänglich durch den Hinweis auf seine Stellung in der Reichsgruppe Handel die Abkommandierung in die Ukraine zu verhindern, doch war dies nicht auf Bedenken moralischer Art zurückzuführen, sondern auf seine Vorstellung, in Berlin unverzichtbar zu sein. Aufgrund seiner antisemitischen Überzeugung waren die Massenerschießungen eine notwendige und bedingungslos zu verrichtende Tätigkeit, die ebenso erfüllt werden mußte, wie der Aufbau eines Nachrichtendienstes oder die Betreuung des Mittelstandes. Es läßt sich konstatieren, daß Ohlendorf von seiner Aufgabe überaus überzeugt war und sein Organisationstalent zur Vernichtung der ukrainischen Juden nutzte. Hier war er aus seiner und aus der Sicht seiner Vorgesetzten der richtige Mann an der richtigen Stelle.

Heydrichs Ansinnen war es darüber hinaus, sollten die Rechtfertigungsversuche Ohlendorfs nach dem Krieg vor Gericht in diesem Punkt der Wahrheit entsprochen haben, einerseits den durch seine diversen Aufgabenfelder in den verschiedensten Äm-

---

[18] »Ohlendorf war zu dem Mr. Hyde (...) nicht in den südrussischen Steppen, sondern schon in dem ›Amt III‹ in der Prinz-Albrecht-Straße geworden, wo die im Mai 1936 (...) arbeitenden 20 jungen Männer 1939 bereits eine furchtgebietende Organisation darstellten.« (In: Reitlinger, Die Endlösung (Anm. 3), S. 169.)
[19] Zitiert nach Sowade, Otto Ohlendorf (Anm. 13), S. 193.

tern unabhängigen Mitarbeiter stärker an seinen Apparat zu binden. Heydrich verlangte bedingungslose Loyalität und keine»... ehrenamtlichen Mitarbeiter. Die in Rußland anstehenden ›Vollzugsmaßnahmen‹ erforderten vollständige und ungeteilte Aufmerksamkeit.«[20] Andererseits versuchten Heydrich und Himmler Ohlendorf auch direkt an den Verbrechen des Terrorapparates zu beteiligen. Er sollte durch sein Mitwirken an den NS-Verbrechen belastet werden, um gefügiger und damit kontrollierbarer zu sein. Einfluß darauf nahmen auch andere hochrangige Nazis wie Goebbels, Kaltenbrunner und Borman[21]. Sie fühlten sich durch seine »ungeschminkten« und kritischen ›Meldungen aus dem Reich‹ bedroht, da sie Angst hatten, bei Hitler an Einfluß und Ansehen zu verlieren.

Die ›Disziplinierungsmaßnahme‹ Heydrichs war, so stellte sich heraus, gar nicht nötig, da Ohlendorf seine Aufgabe als Leiter der mordenden Einheit ›ernst‹ nahm. Im Einsatzgebiet beteiligte sich der Emporkömmling über den befohlenen Ehrgeiz hinaus, den Mordablauf weiter zu perfektionieren und machte Eingaben, wie die bestehenden Konflikte mit der Wehrmacht ausgeräumt und der Erschießungsablauf ohne größere psychische Belastung für die Mörder geändert werden konnte. Ohlendorf lehnte es ab, einen einzelnen Mann auf einen Juden schießen zu lassen, da die psychische Belastung für seine Schergen dabei zu groß sei. Er »verschmähte diese Technik, da er ›persönliche Verantwortung‹ vermeiden wollte« und ließ fortan, um den reibungslosen Ablauf der Tötungsmaschinerie zu gewährleisten, immer zwei Schützen auf ein Opfer schießen.[22]

---

[20] Affidavit Ohlendorf, 14. Juli 1946, SD(A)-44. Zitiert nach Raul Hilberg, Die Vernichtung der europäischen Juden, Bd. 2, Frankfurt am Main 1990, S. 300 f.

[21] »Zwar wußte auch Bormann die detaillierten Berichte über die Verschwörer vom 20. Juli 1944 zu schätzen, aber gegen die relativ ungeschminkte fortlaufende Lageberichterstattung des Amtes III (SD-Inland) unter Otto Ohlendorf hatte er bis zuletzt eine Menge einzuwenden, nicht nur wenn der SD sich wieder einmal genüßlich über Korruptionsskandale und eklatante Führungsfehler irgendwelcher größenwahnsinnig gewordener Parteiprominenter in der Provinz verbreitete.« (Zitiert nach Smelser (Hg.), Die braune Elite (Anm. 13), S. 168.)

[22] Affidavit Ohlendorf, 5. Nov. 1945, PS-2620; zitiert nach Hilberg, Die Vernichtung der europäischen Juden (Anm. 20), S. 333 f.

Es scheint, als habe er an seiner mörderischen ›Arbeit‹ Gefallen gefunden. Denn entgegen seinen Beteuerungen vor dem Militärtribunal, wollte er nicht möglichst schnell wieder nach Berlin zurück. Aus den von ihm verfaßten Rußland-Briefen an seine Frau wird ersichtlich, daß er sogar um einen längeren Aufenthalt in Rußland ersucht hatte.²³ Ohlendorf blieb länger auf dem Posten des Einsatzgruppenleiters als viele andere in ähnlicher Situation und Position.

Er kam im Juni 1942 nach einem Jahr von seinem Einsatz in der Ukraine mit dem Bewußtsein nach Berlin zurück, einen wichtigen Beitrag für den Ostfeldzug geleistet zu haben. Ohlendorf trat daher bei seinem Dienstantritt in Berlin noch selbstbewußter auf als zuvor. Heydrichs Plan, nach der Versetzung einen gefügigeren Mitarbeiter zu erhalten, ging nicht auf. Ohlendorf konnte seine Position sogar noch stärken, da er sich vom »Makel des Unsoldatischen« befreien konnte, indem er ganz im Sinne der Ansprüche seiner Vorgesetzten Loyalität bewiesen hatte. Ihm gab die neue »Aufgabe ein Gefühl der Bestätigung«.²⁴ Einmal vor Ort und schon wurde er, wie in anderen Situationen auch, seinem Ruf als Organisator und ›Macher‹ gerecht, allerdings hatte er diesmal nicht den Handel des Mittelstandes organisiert, sondern die Ermordung zehntausender Menschen.

Im Jahr 1943, ein Jahr nach seiner Rückkehr, verstärkten sich allerdings erneut – ganz seines bisherigen Werdegangs entsprechend – die schwelenden Dissonanzen zwischen ihm, Himmler und anderen führenden Nazis. Fachliche Anerkennung durch

---

[23] Zu den sogenannten ›Rußlandbriefen‹ an seine Frau, Ludolf Herbst: »Die eigentliche Ursache für seinen langen Aufenthalt in Rußland lag (..) darin, daß er als überzeugter Nationalsozialist an die Notwendigkeit der Vernichtungsmaßnahmen glaubte. Ohlendorfs Rassismus war zwar ›differenziert‹ genug, um Unterschiede zu machen, die es erlaubten, Verbände aus Krim-Tataren zu rekrutieren und diese als Hilfstruppen zu benutzen. Dies ändert jedoch nichts daran, daß Ohlendorf eine vorzeitige Abberufung aus Rußland mit Nachdruck ablehnte, da er nach eigenem Bekunden davon überzeugt war, für den Nationalsozialismus durch die ›bevölkerungspolitische Tätigkeit‹ mehr zu leisten als durch die Büroarbeit bei der Reichsgruppe Handel.« (Zitiert nach Sowade, Otto Ohlendorf (Anm. 13), S. 194.)
[24] Ebd.

die Vorgesetzten allein war keine Garantie für eine sichere Stellung, erwartet wurden zusätzlich bedingungslose Loyalität und ein ›hündischer‹ Gehorsam. Diesen Erwartungen aber konnte Ohlendorf schwer gerecht werden, was in erster Linie mit seiner Aufgabe im Inlandsnachrichtendienst zusammenhing. Aber auch seine Kritik an den unzureichenden Maßnahmen der Führung während der ersten erfolgreichen Kriegsjahre stieß auf wenig Verständnis, als sich dann die Wende im Krieg abzeichnete, löste er mit seinen stichelnden Bemerkungen sogar offene Feindschaft aus. Er durchbrach des öfteren das Tabu der allgemein angestimmten Siegesbeteuerungen. Ohlendorf galt als »unausstehlicher, humorloser Preuße«, als »Defaitist« und wurde von Himmler als »Gralshüter des Nationalsozialismus« bezeichnet. Die Kritik Ohlendorfs an der Sportpalastrede von Goebbels im Februar 1943 wurde von diesem zum Anlaß genommen, die *Meldungen aus dem Reich* durch die *SD-Berichte zu Inlandsfragen* zu ersetzen. Dies kam einer faktischen Auflösung des Amtes III und der Entmachtung Ohlendorfs gleich.[25] Im November 1943 wechselte er deshalb als Ministerialdirektor und Stellvertreter des Staatssekretärs Hayler ins Reichswirtschaftsministerium. Ohlendorf hatte diesen Posten seit 1942, seit seiner Rückkehr aus Rußland, angestrebt, jedoch war ihm bis zu diesem Zeitpunkt von Himmler die Zustimmung zu einem Wechsel verweigert worden. Himmler befürchtete, daß kriegswirtschaftliche Fehler Speers Ohlendorf und damit der SS angelastet werden könnten. 1943 schließlich stand dem Amtsantritt aufgrund der Entmachtung des Reichswirtschaftsministeriums durch Hitlers ›Erlaß zur Konzentration der Kriegswirtschaft‹ nichts mehr im Wege.[26] Aber als Wirtschaftsfachmann war Ohlendorf selbst bei seinem Widersacher Speer geschätzt.

»Es muß zugegeben werden, daß Himmler mit der Entsendung von Hayler und Ohlendorf in das Wirtschaftsministerium eine gute Wahl getroffen hatte. Beide gehörten zur intellektuellen Schicht, und diese war in der höheren SS-Führung in größerem

---

[25] Er blieb jedoch auch weiterhin bis Kriegsende Leiter des Amtes III (SD-Inland).
[26] Zur Rolle Ohlendorfs in der NS-Wirtschaftspolitik siehe insbesondere Herbst, Der totale Krieg (Anm. 16), S. 268–313.

Umfange anzutreffen als in der Partei, während in ihren unteren Rängen Mittelmäßigkeit vorherrschte.«[27]

Seine Aufgaben bestanden in erster Linie darin, die Versorgung der Zivilbevölkerung durch eine mittelstandsfreundliche Politik zu gewährleisten und das von Hitler entmachtete Ministerium Albert Speers[28] neu zu strukturieren. Dafür mußte seiner Meinung nach zunächst eine neue NS-Wirtschaftsordnung geschaffen werden. Trotz seiner »bäuerlichen Herkunft« war er kein Vertreter eines »Agrarromantizismus«, sondern sah die Industrie als wesentlichen Faktor für das Überleben des NS-Staates an. Er setzte dabei auf Privateigentum und freies Unternehmertum. Er plante eine Art Mischform aus faschistischem Staatskapitalismus und kontrollierter Privatwirtschaft. Ohlendorf strebte eine Verbindung rassischer und wirtschaftlicher Elemente an. Ein von ihm konzipiertes Gesellschaftskonzept sollte alle Lebensbereiche erfassen und eine neue langfristige nationalsozialistische Herrschaft sichern helfen.

»Wir stehen (...) in der Einleitung einer neuen Geschichtsepoche, die das Rechtsbewußtsein mit der totalen Überwindung des Bisherigen als Voraussetzung hat. In dieser neuen Epoche hat der Mensch die Aufgabe, die Gesetze seiner Rasse in seinem Leben zu finden und durchzusetzen.«[29]

---

[27] Albert Speer, Der Sklavenstaat – Meine Auseinandersetzungen mit der SS, Stuttgart 1981, S. 116.

[28] Himmler hatte den internen Kampf um die Vormacht in der Rüstungswirtschaft gegen Reichswirtschaftsminister Speer für sich entschieden. Mit seiner Ernennung zum Reichsinnenminister hatte Himmler die »Stunde für gekommen gesehen« und seine Macht auch auf das Wirtschaftsministerium ausgedehnt, indem er Hayler und Ohlendorf an führender Stelle einsetzte. Speer schreibt: »Damit aber war (...) Himmler zum entscheidenden Faktor im Reichswirtschaftsministerium geworden. Aber wie der weitere Ablauf zeigt, hatte Himmler offensichtlich andere Sorgen und vertraute auf das Durchsetzungsvermögen seines Mitarbeiters Ohlendorf.« (Speer, S. 116) Dieser hat bei den Intrigen gegen Speer eine wesentliche Rolle gespielt. In den grundsätzlichen Vorstellungen von Wirtschaftspolitik standen sich Ohlendorf und Speer unversöhnlich gegenüber, während Speer eine auf freiem Unternehmertum basierende Wirtschaftsordnung anstrebte, vertrat Ohlendorf ein Konzept, das gegen die »Selbstverantwortung der Industrie« (Speer, S. 108) gerichtet war und als staatskapitalistisch zu bezeichnen ist.

[29] Herbst, Der totale Krieg (Anm. 16), S. 290 f.

Nach einem Erlaß Hitlers vom 25. Juli 1944 war die Nachkriegsplanung zwar verboten, doch Ohlendorf und andere widersetzten sich dem und trieben die Planung für eine Nachkriegsordnung auf nationalsozialistischer Grundlage voran. Er nahm durch die Leitung entsprechender ›Expertenkommissionen‹ der Industrie direkten Einfluß auch auf die Wirtschaftspolitik der späteren Bundesrepublik, da er hier mit Ludwig Erhard (dem ›Vater‹ des deutschen Wirtschaftswunders nach dem Krieg) in Kontakt kam, der in diesen Arbeitsgruppen maßgeblich an der Planung und Vorbereitung einer Nachkriegsordnung beteiligt war.[30] Ohlendorf war Verbindungsmann und legitimierte durch seine Stellung diese Bestrebungen zum Aufbau einer Nachkriegswirtschaft. Auf seine Initiative hin wurde, mit Wissen Himmlers[31] und Bormanns, der Außenwirtschaftskreis gegründet. Dieser Wirtschaftskreis arbeitete eng zusammen mit der Reichsgruppe Industrie[32] und dem von dieser Reichsgruppe eingerichteten Institut für Industrieforschung. Dieses Institut ›leitete‹ Ludwig Erhard, zu dessen Aufgaben zum einen die Bewertung der »kriegswirtschaftlichen Aufgaben« und zum anderen die Erforschung der wirtschaftlichen Bedürfnisse nach dem Krieg gehörten.[33] Die Ausarbeitungen hatten durchaus praktischen Wert für die deutsche Wirtschaft. Beispielsweise forderte die Reichsgruppe Industrie im Oktober 1944 die einzelnen

---

[30] In den Artikeln und Ehrungen zum 100. Geburtstag Erhards taucht diese Verbindung zu hochrangigen NS-Kriegsverbrechern nicht auf. Es wurde sogar ausdrücklich betont, daß Erhard seine Karriere erst nach dem Krieg begonnen habe.

[31] An den Wirtschaftsfragen offenbart sich auch das durch gegenseitige Abhängigkeit geprägte Verhältnis von Ohlendorf und Himmler, so daß eine Bewertung, wie sie Ohlendorf im Einsatzgruppenprozeß diesbezüglich vornahm, in einem nicht unerheblichen Maße revidiert werden muß. Ihr Verhältnis war enger, als Ohlendorf dies nach dem Krieg hatte zugeben wollen.

[32] Erhard hatte gute Kontakte zu diesen NS-Organisationen. Hauptgeschäftsführer der Reichsgruppe Industrie war sein Schwager Karl Guth, auch zu anderen Industriellen hatte er hervorragende Beziehungen, etwa zu Flick und Reemtsma. Siehe Herbst, Der totale Krieg (Anm. 16), S. 384f.

[33] Das Institut war nur ein Ein-Mann-Betrieb, hinter dem sich allerdings eine Arbeitsgruppe verborgen haben könnte. Vgl. Herbst, Der totale Krieg (Anm. 16), S. 384.

Wirtschaftsgruppen auf, die ›Umstellung auf die Friedenswirtschaft‹ vorzubereiten. Viele Unternehmen konnten dadurch ihr Kapital retten oder den Firmensitz nach Westdeutschland verlegen.³⁴ Nach Herbst vertrat Ohlendorf die Auffassung, »... der Nationalsozialismus müsse als Weltanschauung und als Partei ein eigenständiges Verhältnis zur Wirtschaft gewinnen und diese müsse durch den Nationalsozialismus ›in die natürlich gegebene blutsmäßig gebundene Einheit des Volkes‹ integriert werden.«³⁵

Angesichts der prekären Wirtschafts- und Gesamtsituation wollte der selbst ernannte Wirtschaftsexperte zurück zu den »Grundanschauungen der Kampfzeit«, da es seiner Meinung nach unumgänglich war, daß der nationalsozialistische Staat die Rolle einer Ordnungsmacht wahrnehme.

»Unsere Ordnungsprinzipien sind vor der Machtergreifung oft vom Führer selbst herausgestellt worden. Heute vermag man sie nicht ohne Unbehagen zu wiederholen, weil sie von Unberufenen zu oft im Munde geführt wurden und weil sie häufig auch weltanschaulich nicht ernst gebraucht wurden, sondern als Verbrämung für persönliches Machtstreben dienten. Es handelt sich nun um die Verwirklichung dieser Prinzipien. Wir sind mit vollem Bewußtsein ausgezogen, eine echte Revolution zu machen, sie so gründlich durchzuführen, wie das sehr selten geschieht.«³⁶

---

³⁴ Erhards Position im Nationalsozialismus wurde von Herbst eher zurückhaltend kritisiert. Für ihn trug Erhards Verhalten »bedenkliche Züge«. Schärfer äußert sich Roth, der den späteren Bundeskanzler als einen »Ökonom, der die Kriegswirtschaft der NS-Diktatur rückhaltlos bejahte und es sich zur Aufgabe machte, ihre Strukturen binnenwirtschaftlich wie annexionspolitisch zu effektivieren.« (Karl-Heinz Roth, Das Ende eines Mythos. Ludwig Erhard und der Übergang der deutschen Wirtschaft von der Annexions- zur Nachkriegsplanung (1939–1945), 1. Teil: 1939–1943. In: ›1999‹ 10 (1995) Heft 4, S. 61.)

³⁵ Herbst, Der totale Krieg (Anm. 16), S. 289. Herbst schreibt hierzu: »Die Perversion, die Ohlendorf (...) freilich vornahm, wird deutlich durch seine Verbindung mit dem Rassegedanken. Begriffe wie Freiheit, Selbstverantwortung und Ehre wurden ihres Sinnes nicht nur durch die Praxis – eine Praxis, die Ohlendorf selbst geübt hatte – entkleidet, sondern Ohlendorf bestätigte die Fortdauer dieser Praxis, indem er sie mit dem Rassegedanken untrennbar verband. Er sprach eben nicht von der Freiheit und Würde des Menschen, sondern von der ›Freiheit‹ und ›Würde des deutschen Menschen‹.« (Ebd., S. 290.)

³⁶ Rede Ohlendorfs vom 15. Juli 1944, »Einige grundsätzliche Fragen der

Zur Umsetzung dieser Ziele ist es nicht mehr gekommen. Am Ende des Krieges stellte sich Ohlendorf in Flensburg den Alliierten. Vor den Nürnberger Hauptkriegsverbrecherprozessen folgte dann sein einziger öffentlicher Auftritt. Seine umfassende Zeugenaussage war ein Paukenschlag und ist eines der erschreckendsten und bemerkenswertesten Dokumente der Nürnberger Kriegsverbrecherprozesse überhaupt. Er sollte lediglich als Zeuge der Anklage zu den Taten der Einsatzgruppen Stellung nehmen. Durch seine Ausführungen wurde dann erstmalig das ungeheure Ausmaß der Vernichtungsaktionen hinter der Ostfront für die Öffentlichkeit und die Ankläger offenbar. »Wurden alle diese Opfer, Frauen, Männer und Kinder, auf die gleiche Art und Weise hingerichtet?« Ohlendorf: »Bis zum Frühjahr 1942, jawohl. Dann folgte ein Befehl von Himmler, daß in der Zukunft Frauen und Kinder nur noch durch Gaswagen zur Tötung kommen sollten.« – »Können Sie dem Gerichtshof die Konstruktion dieser Gaswagen und ihr Aussehen erklären?« Ohlendorf: »Es waren praktisch geschlossene Lastwagen. Sie waren so eingerichtet, daß nach Anlaufen der Motoren Gas in den Wagen geleitet wurde und dieses den Tod in etwa zehn bis fünfzehn Minuten herbeiführte.«[37] Er stellte bei den Bekenntnissen sein Wissen über die Einsatzgruppenmorde bereitwillig zur Verfügung. Jegliches Eingeständnis von Schuld lag ihm fern.

Als SS-Offizier, aber vor allem als Leiter der Einsatzgruppe D, war er Fachmann und »Insider« der Strukturen des Vernichtungsapparates. Seine Aussagen waren so von großer Bedeutung für die Anklage und die Öffentlichkeit. Gilbert beschreibt die Wirkung wie folgt:

»Es wirkte allgemein lähmend auf die Angeklagten, wie da von einem deutschen Beamten, an dessen wahrheitsgetreuer Aussage kein Zweifel bestehen konnte, die Wirklichkeit und Schande der

---

nationalsozialistischen Wirtschaftspolitik«, S. 1 f., BA R 7/2017. Zitiert nach Herbst, Der totale Krieg (Anm. 16), S. 289 f.
[37] Zitiert nach Joe Julius Heydecker, Der Nürnberger Prozeß, Köln 1995, S. 376 ff.

Massenmorde endgültig bestätigt wurde, an denen er beteiligt gewesen zu sein zugab.«[38]

Es war das erste Mal, daß sich ein ranghoher Vertreter der nationalsozialistischen Funktionselite in derart glaubhafter und offener Weise zu seinen Taten bekannte und sie dazu noch eifrig in allen Einzelheiten schilderte. Die Aussage offenbarte zudem die Mitwirkung der einzelnen Machtblöcke – Militär, SS, Gestapo und Wirtschaft – bei den Massenmorden des Rußlandfeldzuges. Der Angeklagte Walter Funk, ehemaliger Reichswirtschaftsminister und Reichsbankpräsident, bemerkte, daß Ohlendorf »um der Wahrheit willen sein eigenes Todesurteil unterschrieb«.[39] Der Zeuge Ohlendorf sah nicht wie schwer seine eigenen Aussagen ihn selbst belasteten, da er auch nach dem Krieg kein Unrechtsbewußtsein entwickelte. Außerdem war er überzeugt, daß er als Nachrichtenfachmann für die USA ein interessanter Mitarbeiter sein würde.[40] Diese Fehleinschätzung führte ihn von seiner Zeugenaussage vor dem Nürnberger Hauptkriegsverbrecherprozeß direkt auf die Anklagebank des Einsatzgruppenprozesses.

Ohlendorf wurde am 10. April 1948 vom einem amerikanischen Militärgericht nach Artikel 6c (Verbrechen gegen die Menschlichkeit) und Artikel 10 (Mitgliedschaft in einer verbrecherischen Organisation) des Alliierten Kontrollratsgesetzes zum Tode verurteilt. Das Urteil wurde drei Jahre später am 7. Juni 1951 in Landsberg am Lech vollstreckt.

---

[38] Gustave M. Gilbert, Nürnberger Tagebuch, Frankfurt am Main 1962, S. 104.

[39] Ebd.

[40] Daß es nicht zu einer Karriere im amerikanischen Geheimdienst und zu einer Begnadigung kam, lag wohl auch daran, daß er als einer der Hauptbelastungszeugen gegen General Manstein ausgesagt hatte, den die Amerikaner zu Beginn des Kalten Krieges als Experten für Rußland benötigten und deshalb schützen wollten.

Manstein wurde im Dezember 1949 vom britischen Militärgericht von dem Anklagepunkt, die die Verbrechen an und hinter der Ostfront betrafen, freigesprochen. Lediglich schuldig war er nach Meinung des Gerichts darin, den Schutz von Zivilisten vernachlässigt zu haben. Manstein wurde zu 10 Jahren Haft verurteilt, doch bereits 1952 wieder auf freien Fuß gesetzt. Vgl. dazu Reitlinger, Die Endlösung (Anm. 3), S. 179 ff.

Tatmotiv und Habitus

Ohlendorf sollte durch mehr als 500 Seiten eidesstattlicher Erklärungen, die eigens für den Einsatzgruppenprozeß und zu Gunsten des Angeklagten abgegeben worden waren, als »grader«, »sauberer« und »charakterstarker Mann« dargestellt werden. Demnach war er »anspruchslos« und »bodenständig«, »vielseitig« und »leistungsfähig«. Seine Handlungsweise sei von einem »hohen Verantwortungsbewußtsein« und von »tiefer innerer Religiosität beseelt« gewesen. Diese positive Legendenbildung war Teil der in den NS-Prozessen gängigen Verteidigungspraxis, um eine Beteiligung der Angeklagten an den ihnen zu Last gelegten Verbrechen als abwegig und unvorstellbar erscheinen zu lassen. Die Anklagepunkte und Beweise waren in den meisten Fällen allerdings derart erdrückend, daß der Verteidigung häufig nur die Strategie blieb, sich auf den Befehlsnotstand und die hierarchischen Strukturen zu berufen. Schließlich stand für die Hauptangeklagten viel auf dem Spiel, auch Ohlendorf drohte angesichts der ungeheuerlichen Taten die Todesstrafe. Die Strategie, das Bild eines anständigen und ehrlichen Bürgers zu zeichnen, wird im Plädoyer des Verteidigers besonders deutlich:

»Ich glaube nicht, daß jemand diesem Manne, der sich trotz brüsker Ablehnung seiner Vorschläge durch Himmler und Heydrich wiederholt für ein richterliches Verfahren auch für den letzten Schutzhäftling und für die Durchsetzung der Grundrechte für das Judentum einsetzte, irgendwelche Rassenvernichtungsabsichten zutraut. Gerade deshalb drängt sich die Frage auf, unter welchen Bedingungen wurde der Angeklagte Ohlendorf mit den Geschehnissen im Osten verquickt?«[41]

Otto Ohlendorf aber war nicht bloß »verquickt«, sondern einer der Haupttäter der nationalsozialistischen Verbrechensmaschinerie. Er duldete das Vernichtungsprogramm nicht nur, sondern befürwortete es ausdrücklich und war sogar an seiner Planung zumindest indirekt beteiligt.[42]

---

[41] Dok. Ohlendorf, Plädoyer Ohlendorf, S. 64.

[42] »Die Pläne für die Gaskammern wurden während der täglichen Mittagessen in den Büros des RSHA zwischen Ohlendorf, Müller, Schellenberg und Nebe besprochen.« (Zitiert nach Reitlinger, Die Endlösung (Anm. 3),

Während des Einsatzgruppenprozesses hat er versucht, den Vorwurf des Antisemitismus als ein Motiv seiner Täterschaft zurückzuweisen. Doch neben zahlreichen Äußerungen zeigt schon sein früher Eintritt in die NSDAP, daß er sich sehr wohl stark mit den Zielen und ideologischen Prämissen der nationalsozialistischen Bewegung und damit auch mit dem Antisemitismus identifizierte. Zwar mag er den ›Radauantisemitismus‹ der Straße, der die zwanziger Jahre prägte, verabscheut haben, doch hielt er, wie viele andere nationalsozialistische Intellektuelle auch, die ›Lösung der Judenfrage‹ für nötig und richtig. Möglich, daß er anfänglich nicht alle Konsequenzen des Antisemitismus sah, später jedoch, als aus Vertreibung Vernichtung geworden war und die Züge nach Auschwitz rollten, beteiligte er sich an der Vernichtungsmaschinerie mit vollster Selbstverständlichkeit und nutzte die Ermordung Tausender als Ausgangspunkt und Durchgangsstation für seine Karriere im NS-Sicherheitsapparat.

Nach Reitlinger gab es für Beamte keine bessere Gelegenheit, sich zu profilieren, als durch eine freiwillige Meldung zu den Einsatzgruppen.[43] So kam es, daß sich viele junge, vor Ehrgeiz strotzende Männer freiwillig meldeten und nach Osten versetzen ließen. Diese Mischung aus jungen ehrgeizigen Beamten aus SS, SD und RSHA als Befehlshaber und den rekrutierten eher autoritär geprägten ehemaligen Soldaten, Polizisten und SA-Kämpfern, war es, die die Atmosphäre, die für den grausamen Massenmord nötig war, schuf.[44] Eigeninitiative und Durchsetzungsvermögen

S. 172.) Siehe zu Zeitpunkt der Mitwisserschaft und zur Verstrickung Ohlendorfs in die Vernichtungspläne auch Krausnick/Wilhelm, Die Truppen des Weltanschauungskrieges (Anm. 1), S. 159 ff.

[43] Ohlendorf wurde nach einer Erschießung von 8 000 Juden in Nikolajew unter seiner Leitung von Himmler an Ort und Stelle zum SS-Oberführer (Oberst) ernannt. (Eidesstattliche Erklärung von Robert Barth, 12. 9. 47, NA RG 238, NO-4992. Zitiert nach Richard Breitman, Der Architekt der »Endlösung«. Himmler und die Vernichtung der europäischen Juden. Paderborn 1996, S. 282 f.)

[44] Reitlinger macht zu einigen Personen exemplarische Angaben: »Im Gegensatz zu den Ehrgeizlingen, die als Befehlshaber der Einsatzgruppen auftraten, waren die ihnen untergeordneten Beamten meist Menschen, die es im normalen Leben zu nichts gebracht hatten. Erwin Schulz zum Beispiel hatte, wie sieben andere der 22 Angeklagten im Einsatzgruppenprozeß, Jura studiert; statt eine juristische Laufbahn zu ergreifen,

zum Beispiel gegenüber dem Militär waren gefragte Eigenschaften für jemanden, der nachdem er ein Einsatzkommando befehligt und den Nachweis »charakterlicher Stärke« erbracht hatte, an anderer höherer Stelle Verwendung finden wollte. Wer hier »hart« und »standhaft« geblieben war, wie es Himmler ausgedrückt hatte, war bereit für höhere Aufgaben.[45]

Himmlers Posener Worte richteten sich an die Generation, der auch Ohlendorf, Best oder Eichmann angehörten, der sogenannten Kriegsjugendgeneration. Die zwischen 1900 und 1910 Geborenen waren zu jung um im 1. Weltkrieg gekämpft haben zu können, aber alt genug, um dies als Makel zu empfinden. Die innere Verfaßtheit dieser Generation war sehr ambivalent – zumindest im national-konservativen Spektrum. Sie fühlten sich einerseits verraten und im Stich gelassen von der Generation ihrer Väter, sie trugen die Bürde der Niederlage auf ihren Schultern, andererseits hielten sie sich aus ihrem Selbstverständnis heraus für die kommende Elite.[46] Das Selbstbewußtsein entstammte der Erkenntnis, auf die alten Eliten, die bedingt durch den Krieg nur noch rudimentär präsent und engagiert waren, verzichten zu müs-

---

war er aber, wie sein Vater, Polizist geworden. Ernst Bieberstein, der in die Dienste der Gestapo trat, um den Klerus zu bespitzeln, hatte eine protestantische Pfarre zugunsten eines von ihm gegründeten ›Bruderbundes der Liebe‹ aufgegeben. Wladimir Klingelhöffer, ein Opernsänger aus Kassel, erhielt keinen wichtigeren Auftrag als den, ›kulturelle Betätigungen‹ zu bespitzeln, ehe er auf Grund seiner Sprachkenntnisse als in Rußland geborener Deutscher in einer Einsatzgruppe Aufnahme fand. (...) Diese verlorene Legion arbeitsloser Intellektueller hatte sich seit 1933 an die Schreibtische des SD gedrängt, mit keinem anderen Erfolg, als daß sie sich im Sommer 1941 in der Uniform der ›Schwarzen Krähen‹ auf den grundlosen Straßen Rußlands fand.« (Reitlinger, Die Endlösung (Anm. 3), S. 176.)

45 Zum Ausdruck kommt diese Haltung in zynischster Form in der berüchtigten Posener Rede Himmlers: »Von Euch werden die meisten wissen, was es heißt, wenn 100 Leichen beisammen liegen, wenn 500 daliegen oder wenn 1000 daliegen. Dies durchgehalten zu haben, und dabei abgesehen von Ausnahmen menschlicher Schwächen – anständig geblieben zu sein, das hat uns hart gemacht.« Rede Himmlers vor SS-Gruppenführern – Tagung in Posen am 4. Oktober 1943, IMT Bd. 29, S. 110–179, S. 145 f., Doc. 1919-Ps.

46 Zum Selbstverständnis einer »neuen und jungen Elite« vgl. Hermann Rauschning, Die Revolution des Nihilismus. Kulisse und Wirklichkeit im Dritten Reich, 2. Auflage, Zürich 1938.

sen. Sie mußten frühzeitig erwachsen werden und Verantwortung übernehmen. Best schreibt über die Rolle dieser Generation:

»Der frühe Heldentod meines Vaters hat mich schon mit elf Jahren einsam gemacht, da meine Mutter zusammenbrach und mehr Stütze von seiten ihrer Söhne brauchte, als sie ihnen geben konnte. Ich bin deshalb mehr von der Tradition meiner Familie als von meinen Eltern erzogen worden ... Mein Vater hatte einen Brief an seine beiden Söhne hinterlassen, in dem er uns die Mutter anbefahl und uns aufforderte, patriotische deutsche Männer zu werden. So fühlte ich mich mit elf Jahren bereits für meine Mutter und meinen jüngeren Bruder verantwortlich. Und vom 15. Lebensjahre ab (1918!) fühlte ich mich verantwortlich für die Wiederaufrichtung Deutschlands.«[47]

Die Heroisierung und Mystifikation von Krieg und »Kampf als innerem Erlebnis« durch Autoren wie Jünger bestärkten die Mitglieder dieser Generation in ihrem Denken. Viele junge Männer lasteten die Niederlage ihren Vätern an. Diese seien schuld am Untergang des Reiches und des deutschen Großmachtglaubens. Die Schande sollte getilgt werden – dieses Motto stand fast zwanghaft im Mittelpunkt ihres Denkens. Folgende Merkmale der Kriegsjugendgeneration fallen auf:

»Voraussetzungslosigkeit und Bindungslosigkeit: Insgeheim verachtet sie [die Generation] bereits die Sache der Zivilisation, des Fortschritts, der Humanität; sie zweifelt an der Vertrauenswürdigkeit der Vernunft und erschaudert nicht vor einer Barbarisierung des Lebens.«[48]

Ohlendorf selbst sah genau in diesem vorherrschenden Zeitgeist seiner Jugend die Wurzeln für sein Verhalten. So wie viele andere auch habe er sich nach einem »geistigen Halt«[49] gesehnt. Der Kriegsjungedgeneration war eine tiefe Sehnsucht nach Geborgenheit und politischer Kontinuität gemein.

»Wir haben im Nationalsozialismus diese Idee und diese

---

[47] Fragebogen zu Bests Biographie in dänischer Gefangenschaft (1947). Zitiert nach Ulrich Herbert, Best – Biographische Studien über Radikalismus, Weltanschauung und Vernunft 1903–1989, Bonn 1996, S. 47.
[48] Ernst Niekisch, Die Tragödie deutscher Jugend. Zitiert nach Ulrich Herbert, Best (Anm. 47), S. 45.
[49] Dok. Ohlendorf, Schlußwort Ohlendorf, S. 2.

Grundlage einer neuen Ordnung gesehen. Und wenn vom tausendjährigen Reich die Rede war, dann war uns das nicht ein frivoler Ausdruck eines tausendjährigen Herrschaftsanspruches, sondern das Wissen, daß große Menschheitsentwicklungen Jahrhunderte und Jahrtausende gebrauchen, bis sie sich ausformen und die Ansatzpunkte für neue Entwicklungen bilden.«[50]
Ulrich Herbert beschreibt diese Jugend, die später im Nationalsozialismus die Verantwortlichen des Schreckensapparates stellte, als »Generation der Sachlichkeit«, Rauschning nennt sie die »Generation des Nihilismus«. Sie waren die Technokraten des Terrors. Gefühle wurden unterdrückt, die Ideale waren die einer nüchternen Sachlichkeit, humane Züge hatten keinen Platz. Mitleidslosigkeit, gehemmte Affekte, Disziplin und Emotionslosigkeit waren vorherrschend. Interessant hierbei ist das Nebeneinander einer schwermütigen und mit romantischen Idealen verbundenen Sehnsucht nach Heimat und Geborgenheit einerseits und der für diese Generation typischen Kälte und Sachlichkeit andererseits, der »nichts heilig war« und die Grausamkeit und Krieg idealisierte.

Viele von den Emporkömmlingen änderten ihre Meinung selbst nach dem Zusammenbruch des Dritten Reiches im Jahre 1945 nicht. Auch Ohlendorf gehörte zu denjenigen, die beharrlich bei ihrer antisemitischen Haltung blieben. Seine Legitimationsversuche vor Gericht bestätigen dies. Zwei Jahre nach Kriegsende sprach er während des Einsatzgruppenprozesses davon, daß die »Juden vernichtet werden mußten«.[51] Und auch die jüdischen Kinder hätten nach seiner Überzeugung getötet werden müssen, da sie sich für ihre Eltern rächen könnten und wollten. Diese Aussage entlarvt alle anderen Aussagen vor Gericht als Rechtfertigungsversuche und läßt die eidesstattlichen Erklärungen hinfällig werden.

---

[50] Ebd., S. 3.
[51] Hilberg, Die Vernichtung der europäischen Juden (Anm. 20), S. 1149.

Normalität und Täterschaft im Nationalsozialismus

Täter wie Ohlendorf machten auf Richter und Prozeßbeobachter nicht den Eindruck mordender Ungetüme. Die Mörder waren sich keiner Schuld bewußt, sie vermittelten den Eindruck ausführender Technokraten. Sie beriefen sich darauf, lediglich Befehle ausgeführt zu haben. Viele von denjenigen, die sich mit den Tätern beschäftigten, schauten anfänglich staunend und fassungslos auf dieses Phänomen. Hannah Arendt spricht von der »Banalität des Bösen«, Christopher Browning untersucht »ganz normale Männer« und Adorno charakterisiert die Täter als »Normalungetüme«[52]. Es war kein Zufall, daß gerade Männer mit besonderem Ehrgeiz wie Ohlendorf nach verantwortliche Posten in SS, SD und Gestapo strebten, um ihre mörderischen Karrieren voranzutreiben und sich an den NS-Verbrechen ohne Skrupel zu beteiligen.

Hinter der legitimatorischen und verharmlosenden Selbstetikettierung von Massenmördern im Staatsauftrag als ›normal‹ verbergen sich auch psychische Abwehrmechanismen, die den Blick auf die offensichtliche Unmenschlichkeit verstellen. Gewissen und Moral wurden augenscheinlich suspendiert bzw. Reste ihrer formalen, aber rigide funktionierenden Hülle in den Dienst der nationalsozialistischen Ideologie gestellt und für die destruktiven Ziele in einem Maße instrumentalisiert, daß die Realität als Massenmord im Nationalsozialismus auch noch nach dem Krieg die Immunisierung gegen das Eindringen moralischer Werte aufrecht erhalten konnte. Bei dieser Pervertierung ›normaler‹ Verhältnisse durch eine Umkehrung der geltenden Grundnormen des Zusammenlebens spielte der Antisemitismus eine entscheidende individual- und massenpsychologische Rolle.

Ernst Simmel sieht den Antisemitismus als Grundlage und Ausgangspunkt für den Ausbruch kollektiver Mordaktionen im Nationalsozialismus. Er beschreibt den Antisemitismus als »Massenpathologie« und als »irrationales soziales Reaktionsmuster«. Der einzelne Antisemit ist nach psychiatrischer Definition nicht

---

[52] Theodor W. Adorno, Negative Dialektik, Gesammelte Schriften Bd. 6, Frankfurt am Main 1966, S. 282.

krank, er leidet nicht und zeigt als einzelnes Individuum keine Auffälligkeiten. Während der Kranke an seiner Krankheit leidet, erfährt der Antisemit aber in der Masse der Gleichgesinnten besondere Befriedigung und Aufwertung – und dies kennzeichnet seine Pathologie.[53] Die pathologische Masse bietet dem Einzelnen die Gelegenheit zur Aggressionsabfuhr. Die inneren unbewußten und infantilen Wut- und Haßanteile werden durch Projektion, lizensiert durch das Massengefühl, gegen die Juden gerichtet.

»Daß wir einen anderen an unserer Stelle anklagen, erspart uns die Schuldgefühle, dient zur Abwehr der Erkenntnis eigener Schuld. Das ist das Charakteristikum des Projektionsprozesses, der für den Psychotiker in seinem Bemühen um Realitätsverleugnung so wesentlich ist. (...) Der Antisemit projiziert auf diese Weise die von seinem Ich abgelenkten Aggressionen auf den Juden.«[54]

Der Psychotiker regrediert auf das Stadium des primären Narzißmus, wo er vom destruktiven Selbsterhaltungstrieb gesteuert wird. Demnach besitzt der Psychotiker kein vollständig ausgebildetes Gewissen und fühlt sich direkt von den ambivalenten Gefühlen von Haß und Liebe abhängig. Der Konflikt wird nicht gelöst, so daß auch kein Über-Ich als Gewissensinstanz installiert werden kann. Der Psychotiker bleibt von seiner psychischen Entwicklung her unreif. Das heißt, er besitzt weder eine adäquate Realitätsprüfung, noch kann er realitätsgerecht handeln. Das Ich büßt die Fähigkeit ein, zwischen der äußeren und der inneren Realität zu unterscheiden. Die Wahnvorstellungen des Antisemiten dagegen erhalten den Charakter von (subjektiver)

---

[53] Simmel schreibt: »Natürlich gibt es keine individuelle psychoanalytische Behandlung des Antisemitismus, denn ein Antisemit wird niemals psychoanalytische Hilfe suchen, um von seinem Antisemitismus befreit zu werden. Vor allem fehlt es ihm ja an Krankheitseinsicht, d. h. er betrachtet sich nicht als krank. Im Gegenteil, sein Antisemitismus verschafft ihm einen nicht unerheblichen Krankheitsgewinn. Sein Ich bläht sich auf, er fühlt sich überlegen, denn er gehört einer Gemeinschaft mit angeblich höheren Werten an: der Gemeinschaft der Nichtjuden.« Ernst Simmel, Antisemitismus und Massen-Psychopathologie. In: ders. (Hg.), Antisemitismus, Frankfurt am Main 1993, S. 60.

[54] Ebd., S. 74.

Normalität, wenn sie beginnen, mit der Realität übereinzustimmen. Das Ich wird den Trieben der irrationalen Innenwelt unterworfen und die Verdrängungen (nach innen) durch Aggression (nach außen) ersetzt. Durch die Aufhebung der Realitätsbezüge »verleugnet der Antisemit seine Bindung an die heutigen Werte der Zivilisation. Jede Zurückhaltung wird aufgegeben; die Triebkräfte des primitiven Hasses und der Zerstörung werden entfesselt.«[55]

Durch einen äußeren Bruch mit der Realität gerät die psychische Stabilität aus dem Gleichgewicht. Die Kulturanpassung kann nur bedingt gelingen, daher handelt es sich im eigentlichen Sinne, wie es Simmel nennt, um eine Pseudoanpassung. Der in der mordenden Gruppe operierende Antisemit regrediert, ähnlich wie der individuelle Psychotiker, auf ein frühinfantiles narzißtisches Stadium. Aber für Simmel gilt:

»Der einzelne Antisemit ist kein Psychotiker – er ist normal. Erst wenn er sich einer Gruppe anschließt, wenn er Bestandteil einer Masse wird, verliert er gewisse Eigenschaften, die Normalität ausmachen, und trägt dazu bei, einen Massenwahn zu erzeugen.«[56]

Die Verbindung der Massenmitglieder untereinander ist ein wechselseitiger Identifikationsprozeß. Das Ich solcher Individuen ist schwach und unreif, es sucht seine Verantwortung loszuwerden und überträgt sie auf die Gruppe. Durch den Einfluß eines charismatischen Führers wird es zu einem einzigen Gruppen-Ich. Der Führer und das Führerprinzip werden internalisiert und an die Stelle des eignen Über-Ichs gesetzt. Das dadurch geschwächte Ich flüchtet in die Massenpsychose.

»Die Masse und der Psychotiker denken und handeln irrational, weil ihre Ich-Systeme regressiv desintegriert sind. Beim einzelnen Psychotiker ist der Prozeß der Regression das Primäre, Dauerhafte, während beim kollektiven psychotischen Denken die Regression das Sekundäre ist und nur zeitweilig auftritt ... Das Ich rettet sich durch Untertauchen in einer pathologischen Masse vor individueller Regression, indem es kollektiv regrediert.

---

[55] Ebd., S. 64.
[56] Ebd., S. 68.

Die Flucht in eine Massenpsychose ist demnach nicht nur Flucht vor der Realität, sondern auch vor dem individuellen Wahnsinn.«[57]

Gerade an dem von Simmel untersuchten Antisemitismus läßt sich erkennen, wie die Umwandlung bestimmter Persönlichkeitsanteile ich-schwacher und labiler Individuen unter dem Vorzeichen objektiv herrschender Irrationalität ein absolut destruktives Handeln hervorbringen kann. Der »Bruch mit der Realität« verschafft dabei dem Täter den nötigen Raum für seine Mordtaten und »ermöglicht es ihm, mit Hilfe einer Massenpsychose zur Realität zurückzukehren, vor der der einzelne Psychotiker fliehen muß.«[58]

Die Beschäftigung und Auseinandersetzung mit Tätern wie Ohlendorf bleibt zwar exemplarisch, doch lassen sich aus seinen Motiven und dem biographischen Hintergrund nicht nur Rückschlüsse auf das individuelle Handeln, sondern auch auf die kollektiven Verhältnisse ziehen. Im Spannungsfeld von »Normalpathologie« und »Pseudonormalität«[59], wie es Bach und Heine nennen, setzten Täter wie Ohlendorf, durch ihr Spezialistentum und ihre ideologische Bereitschaft, die Verwirklichung des Massenmords an den Juden in starkem Maße persönlich durch. Ohne ihr Dazutun wäre eine Umsetzung des ›Vernichtungsprojekts‹ nicht möglich gewesen. Ohlendorfs Beteiligung am Verbrechenssystem läßt sich nicht singulär, aus einem Motiv heraus erklären, seine Beweggründe waren vielschichtig. Zu den Hauptmerkmalen zählten neben seinem Karrierismus und Opportunismus vor allem sein überzeugter Antisemitismus sowie eine damit verbun-

---

[57] Ebd., S. 73.
[58] Ebd., S. 71.
[59] Die Normalpathologie ist gekennzeichnet durch eine flexible Rollenübernahme und durch die fast intuitive Fähigkeit, eine Rolle ganz im Sinne gesellschaftlicher Anerkennung ›spielen‹ zu können. Gerade hierin besteht der Erfolg dieser Anpassungsform, der sich nicht selten in gesellschaftlichem und beruflichem Erfolg niederschlägt. »Das angeeignete Reservoir an Rollenmustern ersetzt Individualität, das Individuum ist nur noch formaler Träger austauschbarer Rollen, die situationsspezifisch abrufbar und perfekt zu präsentieren sind.« (Helmut Bach/Michael Heine, Pseudonormalität und Normalpathologie. In: dies. (Hg.), Der Krankheitsbegriff in der Psychoanalyse, Göttingen 1981, S. 21.)

dene (und nicht im Gegensatz dazu stehende) instrumentelle, an einer rassistischen Ideologie ausgerichteten Rationalität der Machtdurchsetzung.

In einem 1947 aus dem Gefängnis geschmuggelten Brief an seine Frau bekannte Ohlendorf freimütig, was ihn und Tausende andere veranlaßt habe, Juden umzubringen. Selbst nach dem Krieg habe das Judentum, so schrieb er, »weiter Haß gesät, und es erntet wieder Haß. Wer will die Mächte solcher Verblendung beschreiben? Wie könnte man es anders in einem Werk von Dämonen, die mit uns ihren Kampf führen?«[60] Ohlendorf war nicht »Dr. Jekyll and Mr. Hyde«, sondern durch und durch ein »Weltanschauungskrieger«. Das Erschrecken über die Täter ist gemessen an ihren Taten verständlich, daß sie dabei aber keine Hemmungen hatten, steht nicht unbedingt – berücksichtigt man die entlastende Funktion des ausgebrochenen kollektiven Wahns – im Gegensatz zur Monstrosität der Verbrechen. Eine psychoanalytisch orientierte Täterpsychologie sollte an diesen Zusammenhängen konsequent ansetzen um zu relevanten Fragen und Erkenntnissen im Hinblick auf die Motive der NS-Täter zu gelangen.

---

[60] Zitiert nach Daniel Jonah Goldhagen, Hitlers willige Vollstrecker – Ganz gewöhnliche Deutsche und der Holocaust, Berlin 1996, S. 461.

Rolf Pohl

Gewalt und Grausamkeit

Sozialpsychologische Anmerkungen zur NS-Täterforschung

Freuds unmittelbarer Reaktion auf die Kriegserklärungen von 1914 verdanken wir einen seiner peinlichsten Sätze: »Meine ganze Libido gehört Österreich-Ungarn.«[1] Dieser unerwartete patriotische Ausbruch läßt sich nicht allein als plötzliches Wiederaufleben einer jugendlich-männlichen Militärbegeisterung verstehen, wie sein erster Biograph Ernest Jones annimmt.[2] Die mit einer deutlichen Affektsteigerung einhergehende Tendenz zur Denkhemmung und zu einer Störung der Wahrnehmungsfähigkeit sowie die Bereitschaft zum Abbau moralischen Urteilsvermögens zeigen, daß Freuds leidenschaftliches Bekenntnis zum Vaterland, ähnlich wie das unzähliger anderer Intellektueller auch, jenen psychischen Mechanismen unterliegt, die er sieben Jahre später in seiner *Massenpsychologie und Ich-Analyse* gründlich analysieren sollte.

Seine anfängliche Kriegseuphorie hält jedoch nicht lange an und macht einer resignativen Ernüchterung und einem Entsetzen Platz, das bereits kurz nach Kriegsausbruch (1915) in seiner Abhandlung *Zeitgemäßes über Krieg und Tod* kulturkritisch dokumentiert wird. Ausgangspunkt seiner Überlegungen ist eine doppelte Enttäuschung, die Enttäuschung über die »geringe Sittlichkeit der Staaten« und gleichzeitig über die »Brutalität im Benehmen der Einzelnen«. Die Kulturentwicklung bringe entwe-

---

[1] Zit. nach Ernest Jones, Das Leben und Werk von Sigmund Freud, Band II, Bern/Stuttgart 1962, S. 207.
[2] Ebd.

der massenhaftes neurotisches Elend (im pathologischen) oder eine Heuchelei der Einzelnen (im normalen Regelfall) hervor. Der Krieg entfessele in den Massen und beim Individuum Kräfte, die im zivilen Leben unter dem Firnis sittlicher Tugendhaftigkeit oft nur unzureichend verborgen würden. Mit der staatlich verordneten Aufhebung des Tötungsverbots hört für Freud »(...) die Unterdrückung der bösen Gelüste auf, und die Menschen begehen Taten von Grausamkeit, Tücke, Verrat und Roheit, deren Möglichkeit man mit ihrem kulturellen Niveau für unvereinbar gehalten hätte.«[3] Wird das Morden staatlicherseits erst einmal erlaubt und in großem Stil organisiert, scheint es kein Halten mehr zu geben.[4]

Hier kommt ein Widerspruch zum Ausdruck, der Freuds gesamte Kulturtheorie, die auf der Grundannahme eines Kampfes zwischen Individuum und Gesellschaft aufbaut, durchzieht:[5] sein eigentümliches Schwanken zwischen einer radikalen Gesellschaftskritik und einem triebtheoretisch gestützten Anthropomorphismus. Einerseits wird die Tötungsbereitschaft des Menschen unter Rückgriff auf die Evolutionstheorien Darwins, Haeckels und Lamarcks zum anthropologischen Erbe des Einzelnen und der Gattung erklärt, woraus Freud den Schluß zieht, es gebe in Wirklichkeit überhaupt keine Ausrottung des »Bösen«, denn gerade »die Betonung des Gebots: Du sollst nicht töten, macht uns sicher, daß wir von einer unendlich langen Generationsreihe von Männern abstammen, denen die Mordlust, wie vielleicht noch uns selbst, im Blute lag.«[6] Das hieße, die Tötungsbereitschaft gehöre als Triebabkömmling zur Grundausstattung der menschlichen Natur, gleichsam zum resistenten Kern des »unvergesellschafteten Es« (Lorenzer).

Andererseits behauptet Freud an gleicher Stelle, dem Unbe-

---

[3] Sigmund Freud (1915), Zeitgemäßes über Krieg und Tod, G. W. X, S. 330.
[4] »Ist *Gewaltanwendung von der Gesellschaft legitimiert*, wird das Morden leicht, und die Greueltaten eskalieren.« Chaim F. Shatan, Militarisierte Trauer und Rachezeremoniell, in: Peter Passett/Emilio Modena (Hg.), Krieg und Frieden aus psychoanalytischer Sicht, Basel/Frankfurt am Main 1983, S. 228.
[5] Vgl. Sigmund Freud (1930), Das Unbehagen in der Kultur, G. W. XIV, S. 501.
[6] Freud (Anm. 3), S. 350.

wußten sei die Idee des (eigenen) Todes fremd und dem »Todesglauben« komme überhaupt nichts Triebhaftes entgegen.[7] Noch klarer formuliert er 1924 in *Hemmung, Symptom, Angst*: »Im Unbewußten ist aber nichts vorhanden, was unserem Begriff der Lebensvernichtung Inhalt geben kann.«[8] Dem korrespondiert auch seine entwicklungspsychologische Auffassung in *Triebe und Triebschicksale* über den Charakter der bei Kindern allgemein üblichen sadistischen Regungen. Die kindliche »Sucht«, andere Kinder zu »quälen«, ist nach Freuds Überzeugung eine sadistische Partialtriebäußerung, die sich in der Regel auf Demütigungen, Kränkungen und Herabsetzungen beschränkt, vor physischer Gewalt jedoch zurückschreckt. Mit Ausnahme einer durchaus verbreiteten Bereitschaft zur Grausamkeit gegenüber (kleineren) Tieren spiele beim infantilen Sadismus der Drang, anderen Menschen vergleichbare Schmerzen zuzufügen, unter den »ursprünglichen Zielsetzungen des Triebes« überhaupt keine Rolle. Die (normalen) sadistischen Neigungen von Kindern haben, so Freud weiter, eine eindeutige Grenze in der körperlichen Unversehrtheit des Mitmenschen. Sie würden zeitweilig nur deshalb (unterhalb dieser Grenze) so ungehemmt auftreten, weil die »Mitleidsschranke« erst später, als Reaktionsbildung gegen die inzwischen verpönten Regungen, aufgebaut werde.[9] Erst ein Wegfall dieser hemmenden »Mitleidsschranke« unter dem Einfluß bestimmter lebensgeschichtlicher Umstände mache eine erneute Verknüpfung von erotischen mit grausamen Triebkomponenten unter neuen (destruktiven) Vorzeichen möglich und könne bis zur physischen Vernichtungsbereitschaft gesteigert werden.[10]

Grundsätzlich ergibt sich aus der These über die Grenze des kindlichen Sadismus, daß die Tötungsbereitschaft und eine gegen Artgenossen gerichtete »Quälsucht« nicht zu den ursprünglichen Triebanlagen gehören, deshalb auch nicht das Ergebnis

---

[7] Ebd.
[8] Sigmund Freud (1924), Hemmung, Symptom, Angst, G. W. XIV, S. 160.
[9] Sigmund Freud (1915), Triebe und Triebschicksale, G. W. X, S. 222.
[10] Vgl. Freud (1905), Drei Abhandlungen zur Sexualtheorie, G. W. V, S. 94. Ob staatlich geregelte Mordaktionen immer auf die sadistische Grausamkeitsbereitschaft des Einzelnen zurückgreifen, wird noch zu klären sein.

direkter, regressiver Triebdurchbrüche darstellen, sondern aus dem Wechselspiel von menschlichem Trieb und Kultur und somit einer historisch und kulturell vermittelten »Vergesellschaftung des Es« (Lorenzer) erwachsen. Erst durch die gesellschaftlichen Zurichtungen der Subjekte werden entgegenkommende Triebanlagen, wie die *Neigung* und die *Fähigkeit* zu sadistischem Verhalten, in eine innerartliche Grausamkeitsbereitschaft transformiert, die von Konrad Lorenz und der von ihm geprägten Verhaltensforschung verdinglicht als das »sogenannte Böse« gefaßt und dem genetischen Inventar zugeschlagen wird. Die bis zum Wegfall der Tötungshemmung steigerbare menschliche Destruktivität ist Triebschicksal und kein angeborener Instinkt: Triebschicksale sind kulturell und sozial geformte Lebensschicksale und keine biologische Tatsachen.

In seinem Kriegsaufsatz von 1915 nimmt Freud allerdings eine aufschlußreiche Einschränkung an seinen Ausführungen zum Verhältnis des Unbewußten zum Tod vor: Auch wenn dem Einzelnen die Idee des *eigenen* Todes ursprünglich fernliege, so heiße das nicht, das Unbewußte würde den Tod bzw. die Idee des Todes überhaupt nicht kennen. Als Beispiel führt er die alltägliche Beobachtung von Menschen an, die regelmäßig denjenigen (symbolisch) den Tod »an den Hals« wünschen, von denen sie sich beleidigt, geärgert oder auf andere Weise narzißtisch gekränkt fühlen. In diesem Zusammenhang greift Freud auf sein Konzept der Ambivalenz von Liebes- und Haß-Regungen zurück, wonach der Mensch bereits früh in der Lage sei, vermittels komplizierter Spaltungs-, Introjektions- und Projektionsmechanismen alle äußeren »Objekte« (zumindest gedanklich) mit unerbittlichem Haß zu verfolgen, wenn deren Handlungen der uneingeschränkten Geltung des Lustprinzips ein Ende bereiten. Das frühe, noch unentfaltete Ich »haßt, verabscheut, verfolgt mit Zerstörungsabsicht alle Objekte, die ihm zur Quelle von Unlustempfindungen werden.«[11] Dieser Haß kann anscheinend auch den Charakter ei-

---

[11] Freud (Anm. 9), S. 230. Unangenehme innere Reize und Empfindungen werden vom Ich dabei projiziert, äußere Lustquellen dagegen introjiziert. »Die Außenwelt zerfällt ihm in einen Lustanteil, den es sich einverleibt hat, und einen Rest, der ihm fremd ist. Aus dem eigenen Ich hat es einen Bestandteil ausgesondert, den es in die Außenwelt wirft und als feindlich

nes »Todeswunsches« im Sinne von Beseitigen, von »Weghabenwollen« annehmen, ist aber keinesfalls gleichzusetzen mit einer sadistischen, aus dem Triebleben stammenden Lust an grausamer Quälerei. Beim Haß handelt es sich um den begleitenden Affekt von *Wunschvorstellungen*, von unbewußten Phantasien auf der Ebene der »psychischen Realität«, die von der »faktischen« oder »materiellen Realität« strikt zu trennen ist. »Andererseits anerkennen wir den Tod für Fremde und Feinde und verhängen ihn über sie ebenso bereitwillig und unbedenklich wie der Urmensch. Hier zeigt sich freilich ein Unterschied, den man in der Wirklichkeit für entscheidend erklären wird. Unser Unbewußtes führt die Tötung nicht aus, es duldet und wünscht sie bloß.«[12]

Der Krieg fegt, nach Freuds Erfahrung und Überzeugung, diese Schranke zwischen Phantasie und Realität und somit jeden konventionellen Umgang mit dem Tod hinweg und bringt mit dem Abstreifen der »späteren Kulturauflagerungen« gleichermaßen den »Urmenschen« in uns wieder zum Vorschein.[13] Angesichts der Ubiquität menschlicher Grausamkeit und der allgemeinen Bereitschaft zur Aufgabe der Tötungshemmung (nicht nur) im Kriegsfall zieht er den pessimistischen Schluß: Grausamkeit gehört zu den elementaren Triebregungen des menschlichen Wesens. – Freuds Festhalten am »primitiv-seelischen« Charakter einer ursprünglich antisozialen »Triebnatur« ist problematisch. Aber läßt sich die berechtigte Kritik an dieser letztlich doch biologischen Anthropologisierung menschlicher Grausamkeit und damit auch die Frage nach der historischen Unausrottbarkeit des sogenannten »Bösen« einfach soziologisierend um-

---

empfindet.« Ebd., S. 228. Diese archaischen Abwehrmechanismen (Spaltung, Projektion, Introjektion) werden in der Regel einigermaßen sozialverträglich integriert. In bestimmten, angstauslösenden Krisen können sie erneut mobilisiert werden und die Menschen fallen auf eine primitive Sicht der Realität zurück, unter dessen Diktat sie glauben, den vermeintlichen Bedrohungen nicht anders als durch gewaltbereiten Fremdenhaß Herr zu werden.

[12] Freud (Anm. 3), S. 351. »Ja, unser Unbewußtes mordet selbst für Kleinigkeiten.« Ebd.

[13] »Er zwingt uns wieder, Helden zu sein, die an den eigenen Tod nicht glauben können; er bezeichnet uns die Fremden als Feinde, deren Tod man herbeiführen oder herbeiwünschen soll; er rät uns, uns über den Tod geliebter Personen hinwegzusetzen.« Ebd., S. 354.

kehren? Reicht es aus zu sagen, jeder Mensch könne durch den Druck gewisser sozialer Faktoren dazu gebracht werden zu töten, und zwar wiederholt und massenhaft? Gerade *weil* das möglich scheint, stellt sich um so mehr die Frage nach der Struktur solcher äußeren Bedingungen *und* gleichzeitig nach den psychischen Mechanismen, die am Zustandekommen von Mord und Massenmord beteiligt sind.[14]

In einem Gespräch über seinen Film »Shoah« weist Claude Lanzmann auf die grundlegende Schwierigkeit des Verstehens, des Nachvollziehens und des Erinnerns von einzelnen und kollektiven Tötungsakten hin und betont: »Aber das erste Mal, das ist das Undenkbare! Das ist der Übergang zur Handlung (...). Die Nazis haben von Anfang an mit der Idee des Massenmordes gespielt; sie wollten töten. Aber zwischen dem Tötenwollen und der Tat ist ein Abgrund.«[15] Immer wieder muß an diese Grenze des Verstehens erinnert werden. Es gibt, so seine Schlußfolgerung, weder im historischen, noch im psychologischen Sinn eine »harmonische Entstehungsgeschichte des Todes«, die diesen Abgrund zwischen Gedanken und Tat sowie die subjektive Bereitschaft, ihn unter bestimmten Bedingungen bereitwillig zu überwinden, schlüssig zu erklären vermag.

Angesichts der endlosen Greuel des 20. Jahrhundert bleiben zwei sozialpsychologisch relevante Fragen nach wie vor ungeklärt: 1. Wie werden Menschen massenhaft zum Töten gebracht, wenn sich erst einmal ihre Staaten und Gesellschaften zu einer kompletten, kriegsbereiten Tötungsmacht entwickelt haben? 2. Warum scheint, einmal in Gang gebracht, der Akt des Tötens allein nicht zu genügen, warum suchen viele Menschen auch noch Lust und Befriedigung dabei? – Insbesondere der Zusammenhang von Töten und Grausamkeit ist für eine Untersuchung der motivationalen Rolle, die menschliche Grausamkeit an den individuellen und kollektiven Gewaltverbrechen des nationalso-

---

[14] Vgl. Rolf Pohl, Normalität und Pathologie. Sozialpsychologische Anmerkungen zur Psychogenese von Massenmördern, in: Peter Gleichmann/Thomas Kühne (Hg.), Vom massenhaften Töten im Krieg (Frieden und Krieg, Band 3), Essen 2002 (erscheint im Oktober).
[15] François Gantheret, Das Aussetzen der Erinnerung. Ein Gespräch mit Claude Lanzmann, Psyche 3/42 (1988), S. 252.

zialistischen Deutschlands gespielt hat, wichtig. Diesen Fragen und ihrer Bedeutung für die Holocaustforschung soll im Folgenden unter Rückgriff auf einschlägige psychoanalytisch orientierte Ansätze sowie auf ausgewählte (kontroverse) Beiträge zur NS-Täterforschung nachgegangen werden.

Grausamkeitsbereitschaft als humanspezifisches Potential

Alexander Mitscherlichs sozialpsychologische Überlegungen zur menschlichen Destruktivität knüpfen an die triebtheoretische *und* kulturkritische Tradition der Freudschen Psychoanalyse an und reproduzieren in gewisser Weise deren Widersprüchlichkeiten. Der Zusammenhang zwischen beiden extremen Ausdrucksformen von Gewaltbereitschaft, dem *Töten* und der *Grausamkeit*, wird von Mitscherlich in verschiedenen Zusammenhängen immer wieder aufgegriffen. Seine grundlegende Definition in den Ausführungen der ersten seiner *Thesen über Grausamkeit* (»Die Grausamkeit war stärker als jede Kultur«) lautet: »(...) wenn einer den anderen töten will, so ist das noch keine Begründung für die Grausamkeit. Sie kommt erst als zweites Motiv zur Tötungsabsicht hinzu. Denn Grausamkeit ist Lustgewinn aus den Leiden der Gefolterten.«[16]

Seine Ansätze zur menschlichen Aggressivität bilden keine konsistente oder gar systematische Gesamttheorie. Gleichwohl sind sie für eine analytische Sozialpsychologie von Gewaltverhältnissen nicht nur von Bedeutung, weil es sich um eine Weiterentwicklung von Freuds Aggressionsmodell, sondern immer auch um den Versuch seiner Einbettung in soziale und historische Kontexte handelt, denn letztlich muß, so Mitscherlichs sichere Überzeugung, »diese Bereitschaft zur Destruktion, die sich gegen den Artgenossen richtet (...) geschichtlich entstanden sein«.[17] Es geht um das, was Peter Brückner in *Psychologie und Geschichte* am Beispiel der Projektion akkumulierter Feindselig-

---

[16] Alexander Mitscherlich, Thesen über Grausamkeit, in: ders., Die Idee des Friedens und die menschliche Aggressivität. Vier Versuche, Frankfurt am Main 1969, S. 99.
[17] Alexander Mitscherlich, Zwei Arten der Grausamkeit, in: ders., Tole-

keit auf ausgesuchte »Sündenböcke« programmatisch formuliert hat: um die Analyse sozialer *und* psychischer Mechanismen gleichermaßen, die für die Kanalisierung von Aggressionen sorgen. »Gibt es Produktionsregeln für Gewalt, für Feindseligkeit, die sich gegen Minoritäten, Schwächere, Unterlegene richten oder richten können? Welche Bedingungen erleichtern es der individuellen – in ihrer Struktur, in ihrer Äußerungschance doch gebrochenen – Aggressivität, sich in der Form einer Zerstörung von Opfern nach außen zu kehren (...)?«[18] Die individuell bereitliegende Aggression kann spontan ausbrechen, aber nur unter dem Druck äußerer Verhältnisse systematisch abgerufen, gegen Minderheiten gelenkt und schließlich erst durch politische Indienstnahme zu einem massenhaften Durchbruch von destruktivem Haß geführt werden. Die »Produktionsregeln« von Gewalt umfassen für Brückner mehr, als was psychoanalytisch und sozialisationstheoretisch zu erforschen wäre. »Damit aus sozialen Vorurteilen, Extrapunitivität, Gereiztheit des Abhängigen offene Gewalt entstehe, bedarf es einiger gesellschaftlicher Bedingungen, die nicht selbst wieder auf Sozialisation und Triebschicksale (...) zurückzuführen sind.«[19] Der Hinweis auf genetisch angelegte Aggressionspotentiale als subjektive Bedingung reicht zur Erklärung kollektiver Ausbrüche von Gewalt und Grau-

---

ranz – Überprüfung eines Begriffs. Ermittlungen, Frankfurt am Main 1974, S. 175.

[18] Peter Brückner, Psychologie und Geschichte. Vorlesungen im »Club Voltaire« 1980/81, Berlin 1982, S. 68. Vgl. die kritischen Diskussionen der Zusammenhänge von Aggression, Politik und Gesellschaft in: Herbert Marcuse u. a., Aggression und Anpassung in der Industriegesellschaft, Frankfurt am Main 1968; vgl. auch die eher psychoanalytischen und psychiatrischen Beiträge zum Thema Aggression und Anpassung in: Alexander Mitscherlich (Hg.): Bis hierher und nicht weiter. Ist die menschliche Aggression unbefriedbar?, München 1969.

[19] Brückner (Anm. 18), S. 70. Umgekehrt läßt sich, so Brückner an anderer Stelle, aus dieser Verzahnung von subjektiver Aggressionsbereitschaft und politisch entfesselter Destruktivität ableiten: »Offensichtlich reicht, was als Sozialisation in der frühen Kindheit beschrieben worden ist, nur dann lebensgeschichtlich als einmal erworbene Hemmung aus, wenn die je situativen und aktuellen gesellschaftlichen Bedingungen solche erworbenen Hemmungen verstärken oder wenigstens gleichsinnig stützen.« Peter Brückner, Zur Sozialpsychologie des Kapitalismus. Sozialpsychologie der antiautoritären Bewegung I, Frankfurt am Main 1972, S. 35.

samkeit nicht aus – selbstverständlich auch nicht der Verweis auf Mitscherlichs, über Freud hinausgehendes Konstrukt vom »aggressiven Triebüberschuß« des Menschen.
Mitscherlichs Anknüpfung an die Freudsche Denktradition ist gebrochen und wird bestimmt durch die historischen Erfahrungen, für deren Einzigartigkeit der Name »Auschwitz« steht. Eine Sozialpsychologie der Destruktivität, Grausamkeit und tötungsbereiten Gewalt unabhängig von Auschwitz ist für ihn undenkbar. Läßt aber die im Holocaust erfolgte Entfesselung menschlicher Mord- und Grausamkeitspotentiale von unvergleichlichen Ausmaßen nicht *jede* Frage nach der Psychologie der Täter marginal erscheinen? Mitscherlichs neues Vorwort von 1960 zu der von ihm und Fred Mielke herausgegebenen Dokumentation über die »Nürnberger Ärzteprozesse« wird mit der Frage eingeleitet, »wie man diese Ungeheuerlichkeiten in unser aller *wirklichen* Erfahrung einordnen kann«.[20] Diese Frage muß klar mit »gar nicht« beantwortet werden, aber die moralische Empörung, die Wut, das Unverständnis und vor allem die Scham, die sich angesichts der hier chronistisch dokumentierten Verbrechen von NS-Ärzten einstellen, enthebt nicht von der Aufgabe, zu versuchen, zumindest partiell zu verstehen.[21] Ein solches (ansatzweises) Verstehen aber ist nur möglich, wenn dabei die Frage nach der Schuld und der Verantwortung der Täter, Mitwisser und Zuschauer nicht ausgeklammert wird. Gerade wissenschaftliche Untersuchungen können von dieser Verpflichtung nicht befreit werden. Dies ist mit Mitscherlich all jenen theoretischen Erklärungsansätzen zum Holocaust entgegenzuhalten, die *eo ipso* die psychologische Täterfrage entweder ganz aus den Augen

---

[20] Alexander Mitscherlich/Fred Mielke (Hg.), Medizin ohne Menschlichkeit. Dokumente des Nürnberger Ärzteprozesses, Frankfurt am Main 1960, S. 7.
[21] »Was die Deutschen begangen haben, entzieht sich dem Verständnis, zumal dem psychologischen (...). Dennoch sieht das Bewußtsein, das dem Unsagbaren standhalten möchte, immer wieder auf den Versuch zu begreifen sich zurückgeworfen, wenn es nicht subjektiv dem Wahnsinn verfallen will, der objektiv herrscht.« Theodor W. Adorno, Minima Moralia. Reflexionen aus dem beschädigten Leben, Frankfurt am Main 1997, S. 131.

verlieren oder sie zu einer mehr oder weniger leicht erklärbaren Randbedingung des »Gesamtgeschehens« werden lassen. Meiner Meinung nach kann eine psychoanalytisch-sozialpsychologische Auseinandersetzung mit der nationalsozialistischen Massenvernichtung nicht frei von emotionaler Beteiligung *und* von moralischen Prämissen sein. Ein emotionaler Zugang *ohne* moralische Parteinahme birgt leicht die Gefahr einer tröstenden ›Vermenschelung‹ des Grauens, häufig verbunden mit seiner Auflösung in psychologisch vertraute und handhabbare Personal- und Gruppenbeziehungen. Für die Weigerung, diese prinzipiell moralische Grundposition aufzugeben, stehen die Arbeiten Mitscherlichs, und damit *auch* für den mit seiner Person verbundenen Erfolg der Reetablierung einer klinischen und zugleich sozialwissenschaftlich geöffneten Psychoanalyse im Nachkriegsdeutschland.

Das Postulat einer notwendigen Reinigung der Psychoanalyse und der an ihr orientierten Sozialpsychologie von moralischen Ansprüchen gemäß der Grundregel therapeutischer Abstinenz und Neutralität, läuft auf Formen der Auseinandersetzung mit den nationalsozialistischen Taten und Tätern wie Tilmann Mosers denunziatorische Abrechnung mit der *Unfähigkeit zu trauern* von Alexander und Margarete Mitscherlich hinaus.[22] An die Stelle »moralischer Empörung« im Stile einer »Dauerbeschimpfung« und einer »diffamierenden«, mit kollektiven Schuldvorwürfen verbundenen »Entlarvung der Deutschen«, ja an die Stelle von »kritischer Reflexion« müsse, so Moser, eine »Bereitschaft zur Einfühlung« in die NS-Täter treten. Eine solche Empathiebereitschaft mache die Essenz, das konstitutive Merkmal psychoanalytischer Vorgehensweise überhaupt aus, woraus Moser

---

[22] Tilmann Moser, Die beschimpfte Verdrängung, FAZ vom 06.06.1992; ders.: Die Unfähigkeit zu trauern: Hält die Diagnose einer Überprüfung stand? Zur psychischen Verarbeitung des Holocaust in der Bundesrepublik, Psyche 46/1992, S. 389–405; vgl. auch Christian Schneider, Jenseits von Schuld? Die Unfähigkeit zu trauern in der zweiten Generation, Psyche 47/1993, S. 754–774; Joachim Perels, Verdrängung und Aufarbeitung der NS-Diktatur nach 1945, in: ders, Wider die ›Normalisierung‹ des Nationalsozialismus: Interventionen gegen die Verdrängung, Hannover 1996, S. 8–37.

eine Art Credo ableitet, das Bekenntnischarakter annimmt und zweimal, am Anfang und am Ende seines Aufsatzes, beschworen wird: »Ich schließe mit dem tragischen Paradox, vor dem auch ich selbst hadernd und ohnmächtig stehe: Auch der ins Verbrechen Verstrickte braucht Einfühlung, wenn er den Weg zur Umkehr finden soll.«[23] Gelten selbst Massenmörder, ist das moralische Urteil erst einmal komplett durch die Gnade der Empathie ersetzt, als weitgehend schuldlos »ins Verbrechen Verstrickte« und sollen die NS-Täter nachträglich »therapiert« und so vom »falschen Weg« abgebracht werden? Mosers Ausklammerung der Schulddimension läuft auf eine Exkulpation hinaus und gestattet schließlich »die Einnahme einer Opferperspektive, die gleichsam ohne Täter auskommt«.[24]

Wie aber kann eine täterpsychologische Annäherung an die NS-Verbrechen aussehen, die nicht in die Falle einer »schuldneutralen Selbstthematisierung« (Schneider) gerät? Welchen Beitrag können psychoanalytische Theorien über menschliche Destruktivität angesichts der Singularität von Auschwitz leisten? Die Dimension der NS-Taten ist historisch einzigartig, aber die Täter, ihre Motive und insbesondere die Mechanismen, die halbwegs »normale« Bürger zu grausamen Verbrechern werden ließen, sind es grundsätzlich nicht. Die Monstrosität der Taten darf aber nicht einfach aus der Subjektivität der Täter abgeleitet werden. Spätestens seit dem Eichmann-Prozeß und seiner berühmten Kommentierung durch Hannah Arendt ist die tiefe Kluft zwischen den Tätern und dem Ausmaß ihrer Taten bekannt und Thema der Auseinandersetzung.[25] Trotz dieser unüberbrückbaren Kluft, der prinzipiellen Grenze des Verstehens und der Probleme eines erklärenden Zugangs, zumal eines psychologischen, sind Untersuchungen suspekt, die weitgehend ohne

---

[23] Moser (Anm. 22), S. 89.
[24] Schneider (Anm. 22), S. 771; vgl. den Beitrag von Jan Lohl in diesem Band.
[25] Hannah Arendt, Eichmann in Jerusalem. Ein Bericht von der Banalität des Bösen, München 1964; vgl. auch Jochen von Lang, Das Eichmann-Protokoll. Tonbandaufzeichnungen der israelischen Verhöre, Wien 1991; Irmtrud Wojak, Eichmanns Memoiren. Ein kritischer Essay, Frankfurt am Main 2001; Gary Smith (Hg.), Hannah Arendt Revisited: »Eichmann in Jerusalem« und die Folgen, Frankfurt am Main 2000.

Täter auszukommen scheinen. Das Desinteresse an den Tätern läuft in letzter Konsequenz auf die Leugnung subjektiver Schuld und Verantwortung hinaus. So werden gängige Rechtfertigungsversuche von Tätern und Tätergruppen, wie die Reduktion ihrer persönlichen Tatbeteiligung auf »Befehlsnotstände«, auch noch wissenschaftlich unterstützt.

An dieser Stelle läßt sich auf die Bedeutung der psychoanalytischen Ansätze Alexander Mitscherlichs für eine sozialpsychologisch orientierte NS-Täterforschung zurückkommen. Er schreibt in seinen schon erwähnten Anmerkungen zum Nürnberger Ärzteprozeß: »Es ist deshalb nicht genug, nur zu erschrecken über das, was geschehen konnte, sondern immer zugleich die Wahrheit in sich einzulassen, daß es von Menschen getan wurde, die nicht als Monstren zur Welt kamen, die vielmehr oft in ziemlich unauffälliger Weise mit geläufiger Begabung es zu Fachkenntnissen und begehrten Stellungen in unserer Gesellschaft brachten, ehe sie die erworbenen Fähigkeiten der Menschlichkeit narkotisch lähmten und in eine weltzerstörerische Trieblust zurücksanken.«[26]

Die anthropologisierende Seite des unaufgelösten Widerspruchs im kulturtheoretischen Denken Freuds – ob »Bestialität«, also Gewalt, Grausamkeit und Tötungsbereitschaft zum genetischen Inventar des Menschen gehört oder ihr Auftreten sozial induziert ist – taucht auch in Mitscherlichs Suche nach den unbewußten Triebfedern menschlichen Handelns, unter dem Topos »weltzerstörerische Trieblust« auf.[27] Gleichzeitig aber geht es, wie schon erwähnt, in seinen sozialpsychologischen, auch über den Holocaust hinausgehenden Arbeiten zu den Ursachen, Motiven und Mechanismen des Tötens *und* der Grausamkeit immer auch um die historische Entstehung und die soziale Vermittlung der individuellen und kollektiven Gewaltverbrechen.

Ähnlich wie für Mitscherlich ist auch für Primo Levi trotz des Ausmaßes der organisierten Gewalt unter Hitlers Herrschaft ge-

---

[26] Mitscherlich/Mielke (Anm. 20), S. 7.
[27] Vgl. Rolf Pohl, Normalität und Pathologie. Sozialpsychologische Anmerkungen zum Umgang mit der NS-Gewalt in der deutschen Nachkriegsgesellschaft, in: Loccumer Initiative kritischer Wissenschaftlerinnen und Wissenschaftler (Hg.), Gewalt und Zivilisation in der bürgerlichen Gesellschaft, Hannover 2001, S. 91 f.

nerell ein Vergleich mit anderen Fällen von Genozid und Massenmord möglich. Unverwechselbares Kennzeichen der nationalsozialistischen Vernichtungspraxis aber sei die massenhafte Hervorbringung absolut »sinnloser« Gewalt, einer Gewalt, »die Selbstzweck war und ausschließlich darauf abzielte, Schmerz hervorzurufen. Manchmal hatte sie ein Ziel im Auge, aber sie wurde immer maßloser, immer außerhalb jeder Proportion im Verhältnis zum gesetzten Ziel.«[28] Schon deshalb läßt sich die »Logik« des industriell-bürokratischen Massenmords nicht in die instrumentelle Vernunft administrativer Planungsvorgänge auflösen, und daran ändert auch die nachvollziehbare (technische) Rationalität vieler Planungs- und Handlungsabläufe der NS-Politik nichts. Die Frage nach rationalen *und* irrationalen Anteilen sowohl an den »objektiven« als auch an den »subjektiven« Prozessen stellt sich um so dringlicher, je mehr das Bild von der Zweckrationalität der Vernichtungspolitik und ihrer Exekutoren sich allgemein durchgesetzt hat – außer, man würde allen Ernstes behaupten, die Unmenschlichkeit des Vernichtungsplans stünde den immanenten Sachzwängen seiner rationalen Durchführung nur äußerlich gegenüber.

Welcher Blick in den einschlägigen, zumeist geschichtswissenschaftlichen oder soziologischen Beiträgen der neunziger Jahre zur sogenannten »Holocaust-Forschung« auf die Täter geworfen wird, welche impliziten Annahmen in diese Ansätze eingehen und welche Schlußfolgerungen sich in sozialpsychologischer Hinsicht daraus ergeben, soll exemplarisch entlang der Positionen von Aly, Sofsky, Baumann, Armanski und schließlich von Goldhagen und Browning untersucht werden, um dann im letzten Abschnitt die erkennbaren Haupttendenzen in der jüngeren NS-Täterforschung mit Mitscherlichs Ansätzen zu einer Theorie der Grausamkeit zu konfrontieren. Die ausgewählten Arbeiten repräsentieren, wenn auch mit unterschiedlichen Akzentsetzungen,

---

[28] Primo Levi, Die Untergegangenen und die Geretteten, München 1993, S. 108; vgl. Jan Philipp Reemtsma, Terroratio. Überlegungen zum Zusammenhang von Terror, Rationalität und Vernichtungspolitik, in: Wolfgang Schneider (Hg.), »Vernichtungspolitik«. Eine Debatte über den Zusammenhang von Sozialpolitik und Genozid im nationalsozialistischen Deutschland, Hamburg 1991, S. 135–163.

das in der Täterdiskussion inzwischen vorherrschende Bild von der »Normalität« der Täter, allerdings ohne den dabei verwendeten Normalitätsbegriff zu präzisieren.²⁹ Eine kritische Auseinandersetzung mit diesen unterschiedlichen Arbeiten kann natürlich weder ihre Eigenständigkeit ausreichend würdigen noch den Anspruch einer sozialpsychologischen Gesamtdeutung der NS-Verbrechen mit einem einheitlichen, universell gültigen Täterbild erheben.³⁰

Die »Normalisierung« der Täter durch die Holocaustforschung

Trotz aller Heterogenität verbindet die ausgewählten Ansätze eine Gemeinsamkeit, aus der ganz ähnliche Schlußfolgerungen gezogen werden. Es besteht weitgehend Konsens darüber, daß bei der überwiegenden Zahl der Täter der Anschein von »Normalität« und profaner Durchschnittlichkeit, gepaart mit einer gewis-

---

²⁹ Eine systematische Auseinandersetzung mit der sozialwissenschaftlichen Bedeutung des Begriffs *Normalität* findet sich unter diskursanalytischer Perspektive bei Jürgen Link, Versuch über den Normalismus. Wie Normalität produziert wird, Opladen/Wiesbaden 1999; vgl. Thomas Rolf, Normalität. Ein philosophischer Grundbegriff des 20. Jahrhunderts, München 1999; Ute Weinmann, Normalität im wissenschaftlichen Diskurs verschiedener Fachdisziplinen, in: Ulrike Schildemann (Hg.), Normalität, Behinderung und Geschlecht. Ansätze und Perspektiven der Forschung, Opladen 2001, S. 17–41; vgl. auch Arno Gruen, Der Wahnsinn der Normalität. Realismus als Krankheit: eine grundlegende Theorie zur menschlichen Destruktivität, München 1987.

³⁰ Der Entwurf eines pauschalen täterpsychologischen Gesamtmodells ist nicht nur falsch, sondern empirisch gesehen unmöglich. Hier geht es nur um den Versuch, sozialpsychologisch grundsätzliche Fragen nach den Verbindungen von Gewalt und Grausamkeitsbereitschaft zur sogenannten »Normalität« gründlicher in die Erforschung auch einzelner Täter und Tätergruppen einzubringen. Zur Frage möglicher Täter*typologien* existieren wichtige Ansätze und Vorarbeiten, auf die in der Täterdiskussion allerdings relativ selten eingegangen wird. Vgl. Fritz Bauer, Genozidium (Völkermord) (1965), in: ders., Die Humanität der Rechtsordnung (hg. von J. Perels u. I. Wojak), Frankfurt am Main 1998, bes. S. 69–72; Herbert Jäger, Verbrechen unter totalitärer Herrschaft. Studien zur nationalsozialistischen Gewaltkriminalität, Olten 1967; Raul Hilberg, Täter, Opfer, Zuschauer. Die Vernichtung der Juden 1933–1945, Frankfurt am Main 1992.

sen Härte und einer emotionalen und moralischen Gleichgültigkeit vorgeherrscht habe. In solchen (und ähnlichen) Beschreibungen gelten die NS-Täter als Prototypen des »modernen« Menschen: rational, effizient, flexibel und (wenn erforderlich) auch skrupellos. Individuelle Besonderheiten und irrationale Persönlichkeitsanteile, die aus der bewußten und unbewußten Verarbeitung innerer und äußerer Konflikte entstehen, treten hinter der Übernahme sozialer Rollenfunktionen nahezu vollständig zurück. Auch der Einfluß antisemitischer Einstellungen und Haßbereitschaften als regulative Handlungsmotivationen gerät so (fast vollständig) aus dem Blick.

Die Hauptrichtung der Täterforschung ist somit von der, immer wieder als Vorwurf gegen subjektzentrierte Ansätze verwendeten Pathologisierungsthese weg, beim Bild einer psychologisch im Grunde wenig rätselhaften »Normalität« der Täter angelangt. Dieses Täterbild birgt den »Vorteil«, daß es sich gut mit der allgemein verbreiteten Theorie der Rationalität bürokratisch-industrieller Funktionsabläufe im Zentrum der den Holocaust bestimmenden »Logik der Vernichtung« verbinden läßt. Diese Sichtweise verhindert, was der folgende Vergleich der ausgewählten Arbeiten zeigen soll, die Ausbildung einer nicht-reduktionistischen Theorie der Subjektstrukturen von Tätern unter Einschluß der dynamischen Wechselbeziehungen von Unbewußtem und Bewußtem schon im Ansatz.

Götz Aly sieht in seiner Arbeit »*Endlösung*«[31] den Kern der nationalsozialistischen Vernichtungspolitik in der Aufstellung zweckrationaler Ziele und ihrer effizienten Umsetzung unter besonderer Betonung bevölkerungspolitischer Kalkulationen. Sach-

---

[31] Götz Aly, »Endlösung«. Völkerverschiebung und der Mord an den europäischen Juden, Frankfurt am Main 1995. Aly stellt ausdrücklich die Täterperspektive in den Mittelpunkt seines modernisierungstheoretischen Rekonstruktionsversuchs der Massenvernichtung: »Das vorliegende Buch enthält eine schwer erträgliche Zumutung: Die Leserinnen und Leser müssen sich auf die Täter einlassen – auf deren Logik, Denken, Kalkulieren und Handeln (...). Aber die Zumutung ist notwendig. Denn es gibt keinen anderen Weg, die politischen Prozesse zu analysieren, die der Entscheidung zur ›Endlösung‹ vorausgingen.« Ebd., S. 9; vgl. auch die kritischen Auseinandersetzungen mit diesem Ansatz in: Schneider (Hg.) (Anm. 28).

zwänge, Erwartungsdruck und Handlungsbedarf gelten demnach als leitende Kriterien. Der »inneren Logik« der geplanten großen Expansions- und Umbaupläne der Nazis stünden »institutionelle Zwischenlösungen« und »begrenzte Ressourcen« als Störfaktor im Wege (S. 374). Eine Rückschau aus der »Opferperspektive«, gleichsam von der »negativen Seite« der Rassenpolitik her, sei zwar verständlich, aber einseitig, da sie die »positiven« Seiten der Bevölkerungspolitik unterschlage (S. 375). Einmal getroffene Maßnahmen, wie etwa die »T4-Aktionen«, seien ausschließlich systemimmanent nach den gängigen Regeln staatlich-bürokratischer Prozeduren durchgesetzt worden, d. h. nach Kriterien der »Tauglichkeit« bzw. »Untauglichkeit«. »Pure ideologische Begründungen« seien zwar als Rechtfertigung für die geplanten Mordaktionen wichtig, aber nach der erfolgreichen Aushöhlung moralischer und juristischer Barrieren im Bewußtsein der Täter spielten sie »in den konkreten Entscheidungsabläufen keine wesentliche Rolle mehr (...). Die praktische Organisation des Mordens oblag Technokraten. Sie waren es, die den konkreten Verlauf ihrer sogenannten ›Aktion‹ anhand realpolitischer, nachvollziehbarer Überlegungen bestimmten.« (S. 55) Bei den Tätern auf der unteren und mittleren Ausführungsebene handelte es sich nicht um »willenlose Funktionsträger«, sondern um engagierte und überzeugte Gestalter des gesellschaftlichen Lebens, ohne jegliche irrationalen Beweggründe als Handlungsmotiv. Aus diesem Grunde würde eine ideologiekritische oder sozialpsychologische Antisemitismusforschung den »sachlichen Kern« nur verschleiern und habe folglich in der Holocaustforschung hinter der Untersuchung rationaler Planungsabläufe und ihrer bürokratischen Umsetzung zurückzutreten.

Christopher Browning stellt die Schlußfolgerung Alys, der »zufolge allein ökonomische Berechnungen eine Verfolgung der Juden, die über Pogrome und Massaker hinaus zur ›Endlösung‹ führte, bewirken konnten«[32], ganz entschieden in Frage und gewichtet die Prioritäten anders: »(...) jeder Versuch, die Politik des Massenmords in der Hauptsache aus einem rationalen wirt-

---

[32] Christopher R. Browning, Vernichtung und Arbeit. Zur Fraktionierung der planenden deutschen Intelligenz im besetzten Polen, in: Schneider (Hg.) (Anm. 28), S. 49.

schaftlichen Kalkül abzuleiten«, ignoriere die Tatsache, »daß für die Nazis die Ermordung ideologischer Gegner bereits aus sich rational gerechtfertigt war, auch wenn sie ihre mörderische Politik noch zusätzlich mit ökonomischen, geopolitischen, medizinischen und sicherheitspolitischen Argumenten begründeten.« Ursprung und Zentrum der nationalsozialistischen Politik der Judenvernichtung sei der Judenhaß und der darauf zurückzuführende Ausrottungswunsch. »Rassismus«, so lautet die Gegenthese Brownings, »war kein Täuschungsmanöver, kein Mythos, hinter dem sich reale wirtschaftliche Interessen verbargen, Rassismus war der Fixpunkt des Systems.«[33] – Es mag stimmen, daß die ausführenden Organe auf der unteren und mittleren Ebene den Anschein reibungslos funktionierender, den vorgegebenen »Endzwecken« gegenüber indifferenter, ansonsten eilfertiger Sozialtechnokraten erwecken und damit einem »Prototyp der Moderne« entsprechen, aber die subjektive Beteiligung an Mord und Grausamkeit läßt sich damit nicht hinreichend erklären. »Normalität« schließt die Verantwortung für den Ausbruch eines kollektiven Wahns und die Beteiligung am Massenmord nicht aus.[34] Die Reduktion des Zusammenhangs von Normalität und Massenvernichtung auf ein inhärentes Prinzip von Modernisierungsprozessen unter dem Diktat einer rational begründbaren Ökonomie der »Endlösung« kann den von Lanzmann als unverstehbar gekennzeichneten Übergang zur Tat weder objektiv noch subjektiv beim Einzelnen erklären.

Unter täterpsychologischen Gesichtspunkten läßt sich als eine Art Gegenposition zu Alys modernisierungstheoretisch abgeleitetem Täterbild Armanskis *Maschinen des Terrors*, eine (umstrittene) Vergleichstudie zwischen Konzentrationslager und GU-

---

[33] Ebd.; vgl. auch die Untersuchung, auf die Browning sich hier bezieht: Ulrich Herbert, Arbeit und Vernichtung. Ökonomisches Interesse und Primat der »Weltanschauung« im Nationalsozialismus, in: Dan Diner (Hg.), Ist der Nationalsozialismus Geschichte? Zu Historisierung und Historikerstreit, Frankfurt am Main 1987, S. 198–236. Für Browning und Herbert war die »Endlösung« selbst ökonomisch gesehen irrational und wurde dennoch durchgeführt. Die Reichweite der These von der Rationalität der Vernichtungslogik ist eindeutig begrenzt.

[34] Vgl. den Beitrag von Jason Weber in diesem Band: Normalität und Massenmord. Das Beispiel des Einsatzgruppenleiters Otto Ohlendorf.

LAG heranziehen.[35] Dabei ist der Ausgangspunkt durchaus ähnlich: Die Konzentrationslager gelten für Armanski als Bestandteil der Moderne, auch und gerade weil in ihnen ihre zivilisatorisch-destruktive Seite enthüllt werde. Die Moderne als eine gigantische »kommerziell-technisch-bürokratische Arbeits- und Wertmaschine« produziere fragmentierte, konforme »Erfüller« von Aufgaben und Befehlen, die zu diesem Zweck einige der klassischen »Sekundärtugenden« ausbilden müßten. Damit stellten sie aber nicht mehr als bloß »mittelmäßige Bürokraten des Terrors« (Amery), eher indifferente als fanatische »Automaten der Unmenschlichkeit« dar – ein Gemisch aus typisch deutschen Sozial- und Psychostrukturen, die eine einzigartige Verbindung mit dem terroristischen Vernichtungssystem der Nazis eingegangen sind.

Armanskis Beschreibung dieser Charakterstrukturen liefert zwar einige interessante Hinweise auf einzelne Funktionsabläufe und Mechanismen des Mordgeschehens, aber seine mit klinischem Blick verbundenen deterministischen Vorstellungen verstellen, was er eigentlich untersuchen möchte, nämlich den Zusammenhang einer terroristischen Gesellschaft mit bestimmten individuellen Persönlichkeitsmerkmalen. Armanskis auffallend häufiges Bemühen der »Schlüssel-Schloß-Metapher« ebnet das Vermittlungsproblem zwischen objektiven und subjektiven Gegebenheiten bis zur Widerspruchsfreiheit ein. Er variiert die Pathologie-Normalitäts-Kontroverse in eigentümlicher Weise, wenn er NS-Täter als »normale Produzenten einer pathogenen Sozialisation« – was auch immer das heißen mag – beschreibt. Aber selbst (und gerade) aus klinisch-psychiatrischer Perspektive bleibt fraglich, wie das von ihm skizzierte täterpsychologische Amalgam aus Psychose, Schizophrenie, Perversion, Depression, analer Zwangsneurose, narzißtischer Störung usw. in *einer* Person, und das auch noch *ohne* den Charakter einer Pathologie anzunehmen, funktionieren soll.[36]

---

[35] Gerhard Armanski, Maschinen des Terrors. Das Lager (KZ und GULAG) in der Moderne, Münster 1993.

[36] Armanski ahnt einen Weg, dieses Dilemma zu lösen: Die »moderne« Normalität werde vielleicht erst durch perverse und pathologische Anteile der psychischen Persönlichkeit konstituiert, die verschiedene Mischungs-

Armanski leitet diese extrem pathologischen Deformationen *ohne* manifeste Pathologie aus frühkindlichen Ursachen in einer Form ab, die in fataler Weise an die von Alice Miller postulierte mitleidtriefende, um Verständnis ringende Einfühlung in das schwere Kindheitsschicksal des armen Adolf Hitlers erinnert: Hitler, der wegen der fehlenden Gelegenheit, sich im »Glanz des Auges der Mutter« spiegeln zu können, seine künstlerische Begabung im Aufbau eines gigantischen Reiches austoben mußte. Das sei an sich, so Miller weiter, keine schlechte Kompensation, wenn dieses »kreative« Ersatzkunstwerk nicht Millionen von Menschen das Leben gekostet hätte. So mache Hitler, wie Miller schlußfolgert, als das »aufgeweckte« und »begabte«, aber leider »geschlagene Kind« aus seiner »totalitären Familie«, in der er die Position des Feindes, und damit quasi die des Juden einnahm, ein »totalitäres System« im Großen.[37] – Nicht nur dieser krude Determinismus, sondern auch das unerträgliche Muster larmoyanter Endlosschleifen von Täter-Opfer-Beziehungen, das in den achtziger Jahren eine Welle identifikatorischer Betroffenheit ausgelöst hat, findet sich bei Armanski wieder: Das Schreckensszenario von Auschwitz erscheint als ein ausgelebtes Symptom Rudolf Höß', das es ihm ermöglicht habe, »selbsterfahrene Strafe am fremden Objekt« auszuleben.[38] – Dieses Täterbild unterliegt einem traumatheoretisch verkürzten und pathologisieren-

---

verhältnisse eingingen und sich mit den gegebenen gesellschaftlichen Anforderungen auch in extremen Fällen gut vertragen. Dieser Erklärungsansatz ist nicht uninteressant, aber Armanski gelingt es nicht, ihn systematischer auszubauen. Sein Rückgriff auf die Zuschreibung Joachim Zeilers über das Nebeneinander von Verbrechen und Normalität in der von ihm nach psychiatrischen Kriterien analysierten Persönlichkeit von Rudolf Höß übernimmt stillschweigend dessen pathologisierende Sichtweise. Vgl. Joachim Zeiler, Psychogramm des Kommandanten von Auschwitz: Erkenntnis und Begegnung durch Zerstörung: Zur Autobiographie des Rudolf Höß, Psyche 4/45 (1991), S. 335–362.

[37] Alice Miller, Am Anfang war Erziehung, Frankfurt am Main 1980, S. 169–231. »Jeder große Künstler schöpft aus dem Unbewußten seiner Kindheit, und Hitlers Werk hätte auch ein Kunstwerk werden können, wenn es nicht Millionen das Leben gekostet hätte, wenn nicht zu viel Menschen seine ungelebten, in der Grandiosität abgewehrten Schmerzen hätten ertragen müssen.« Ebd., S. 189.

[38] Armanski (Anm. 35), S. 105. Erst eine solche reduktionistische Auflösung von Geschichte in Lebensgeschichte durch eine derart krude Kausallogik

den Determinismus, dessen empathische Verstehensbereitschaft in mitleidsvolles Verständnis, ohne Distanz zu den Tätern, einmündet.

In Sofskys Untersuchung der Konzentrationslager *Die Ordnung des Terrors*[39] erscheinen die Täter als bloße Erfüllungsgehilfen einer aus dem Nirgendwo kommenden »absoluten Macht«, die in den Lagern die (zivilisatorischen) Fesseln abstreift und ihren terroristischen Kern durch die Überschreitung der Demarkationslinie zwischen Leben und Tod entfaltet. Die gesellschaftliche und geschichtliche Herkunft dieses – in Anlehnung an Foucaults »Mikrophysik der Macht« entwickelten – historischen Übersubjekts der »absoluten Macht« bleibt ebenso ein Anathema, wie die Subjektstrukturen der Täter ihre psychische Dimension und Bedeutung gänzlich verlieren. Absolute Macht erfordere den absoluten Gehorsam pflichtbewußter Erfüllungsgehilfen, die sich als »austauschbare Zombies« entpuppten. Gewisse persönliche Beziehungen sowie eine aggressive Mentalität, die sich im Konformismus, in Gruppenzwängen und als Kameradschaft untereinander äußerten, seien notwendig; um aber als bedingungslose Instrumente des Terrors funktionieren zu können, brauche es weder persönliche Affekte wie Angst, Haß oder Wut noch große ideologische Absicherungen durch Rassismus oder Antisemitismus. Für Sofsky waren die NS-Täter normale, willfährige, vorauseilende Folterknechte, wie es sie auf der ganzen Welt gibt. »Für Grausamkeit reicht ein Mangel an moralischem Sinn und die Verrohung durch den täglichen Dienstbetrieb. Die Aufseher prügelten, quälten und töteten, nicht weil sie mußten, sondern weil sie es durften.« (S. 135 f.)

Unmenschlichkeit, so seine Schlußfolgerung, sei ein ganz normales Potential des Menschen. Um sie hervorzubringen brauche es nichts weiter als ein System des »absoluten Terrors« an sich. Damit kann die Suche nach psychischen Dispositionen und Mechanismen und deren Nutzung durch gesellschaftliche Strukturen getrost ad acta gelegt werden. »Um zu einer soziologi-

---

macht den von Armanski vorgenommenen Vergleich von KZ und GULAG möglich.

[39] Wolfgang Sofsky, Die Ordnung des Terrors. Das Konzentrationslager, Frankfurt am Main 1993.

schen Kasuistik exzessiver Gewalt zu gelangen, ist das Kriterium der Tätermotivation allein wenig ertragreich.« (S. 157) – Allein sicherlich nicht, aber mit der Hypostasierung einer weder geschichtsphilosophisch noch gesellschaftstheoretisch begründeten Figuration »reiner« Macht (S. 17) im Gewande ahistorischer Kontinuität verschwinden neben den gesellschaftlichen und politischen Entstehungsbedingungen auch grundsätzliche täterpsychologische Fragen. Folterknecht zu sein erscheint dann eben als ein Beruf wie jeder andere auch.

Die *Dialektik der Ordnung* von Zygmunt Bauman dagegen weist gesellschaftstheoretisch genauer auf die Gefahren einer Stillstellung der Dialektik von Moderne und Barbarei hin.[40] Zivilisation und barbarische Grausamkeit stellen für Bauman keine Antithese dar. Damit knüpft er an Adornos und Horkheimers *Dialektik der Aufklärung* an, erstaunlicherweise ohne diesen Bezug kenntlich zu machen. Bauman versucht, den Holocaust als das Resultat eines »einzigartigen Zusammentreffens im Grunde normaler und gewöhnlicher Faktoren« (S. 19) innerhalb der Entwicklung der Moderne zu bestimmen. Die »Endlösung« sei kein zivilisatorischer Bruch, sondern in letzter Konsequenz nur die Entfaltung eines inhärenten Potentials der Moderne. Auschwitz gilt als eine »sachlich-moderne Ausweitung des modernen Fabriksystems« (S. 22), als der, wenn auch monströse, Entwurf eines »social engineering«. Harald Welzers daran anknüpfende Charakterisierung von Rudolf Höß, dem Lagerkommandanten von Auschwitz, als »Prototyp eines ›social engineers‹, der industrielle und bürokratische Funktionsabläufe mit wissenschaftlich fundierter und geschmeidig angepaßter Menschenbehandlung zu kombinieren suchte (...)«[41], macht die Fragwürdigkeit einer einseitig an (instrumenteller) »Rationalität« fixierten täterpsychologischen Sichtweise deutlich, die glaubt, (angeblich) ohne nachträgliche normative Setzungen, die Taten samt ihren pseudowissenschaftlichen Begründungen nur immanent, aus ihrer

---

[40] Zygmunt Bauman, Dialektik der Ordnung. Die Moderne und der Holocaust, Hamburg 1992.
[41] Harald Welzer, Männer der Praxis. Zur Sozialpsychologie des Verwaltungsmassenmordes, in: ders. (Hg.), Nationalsozialismus und Moderne, Tübingen 1993, S. 115.

historischen »Rahmung« heraus verstehen zu können.⁴² »So aber schrumpft der Holocaust«, wie Joachim Perels kritisch anmerkt, »zu einem gleichsam technischen Vorgang zusammen, der von ›wissenschaftlich‹ determinierten Tätern gelenkt wird.«⁴³ – Diese Kritik gilt auch für Baumans Vergleich von Auschwitz mit einem modernen Fabriksystem. Ein Vergleich, der den Unterschied zwischen der industriellen Herstellung mehr oder weniger nützlicher Waren und der Ausrottung von Menschen besonders leichtfertig beiseite schiebt, wenn die Massenvernichtung zu einer bloßen »Schattenseite« (Welzer) des Systems verharmlost und damit die Monstrosität der Taten verschleiert wird.

Die technischen Errungenschaften der Industrie und die organisatorische Effizienz ihrer Bürokratie erlaubten es nach Bauman der modernen Gesellschaft, ihre inneren Destruktionspotentiale zu entfalten. »Genozide« erscheinen so als rationale Lösung vorgegebener Aufgaben – auch wenn das gesamte »Fernziel« als inhuman gilt. Die »Endlösung« gerate nicht in Widerspruch zu den Grundsätzen der Rationalität, die ähnlich wie schon bei Aly nur instrumentell, als Zweck-Mittel-Beziehung verstanden wird. Das »Böse«, die Barbarei liege in der instrumentellen Rationalität selbst. Täter sind demnach keine grausamen Exekutoren des Terrors, sondern lediglich »ausführende Organe« ohne auffällige affektive Persönlichkeitsmerkmale. Wut, Zorn und Haß gelten

---

42 Welzers Einfall, Höß' Einführung von Zyklon-B als Vernichtungsgas ebenso als Ausdruck eines effizienten, an den Normen der Industriearbeit ausgerichteten »Optimierungsstrebens« zu interpretieren, wie die Anbringung des Spruchs »Arbeit macht frei« über dem Eingang von Auschwitz, reproduziert unter der Hand jenen Zynismus gegenüber den Opfern, an dem es Höß selbst angeblich gemangelt habe. Die Unterstellung einer »prinzipiellen Indifferenz« (Welzer) gegenüber den Zielen seiner zweckrational ausgerichteten Tätigkeit unterschlägt systematisch die auch in anderen Untersuchungen häufig übersehene Tatsache, daß Höß sich noch im Gefängnis, ähnlich wie Eichmann, offen als »alter fanatischer Nationalsozialist« zu seinem Antisemitismus bekannte. Gustave M. Gilbert (1947), Nürnberger Tagebuch. Gespräche der Angeklagten mit dem Gerichtspsychologen, Frankfurt 1982, S. 259 ff.; vgl. Wojak (Anm. 25), S. 57 ff.; und ihren Beitrag in diesem Band.

43 Joachim Perels, Rezension zu: H. Welzer, Verweilen beim Grauen. Essays zum wissenschaftlichen Umgang mit dem Holocaust, in: Kritische Justiz, Heft 1/2000 (33. Jg.), S. 129.

als zu primitive und ineffiziente Werkzeuge der Massenvernichtung, die den angestrebten reibungslosen Ablauf fabrikmäßiger Tötungen stören. Gefragt seien vielmehr moderne, systematische Pragmatiker des Genozids, wie Hitler (!) – oder Stalin (!), »disziplinierte Befehlsempfänger«, nicht dagegen ein »rasender Mob«. Da aber die Fähigkeit und die Bereitschaft zur organisierten und leidenschaftslosen Disziplin ein grundlegendes Kennzeichen von Normalität sei, folgt daraus, daß prinzipiell jeder Mensch unter bestimmten sozialen Zwängen und in Befehlsketten eingebunden zum Töten gebracht werden kann.[44]

Bauman stellt die Dialektik von Rationalität und Irrationalität und (damit die von Unbewußtem und Bewußtem) sowohl auf individueller als auch auf kollektiver Ebene still, wenn er auf der einen Seite die totalitäre Herrschaft als zweckrationale, planerische »Gartenkultur« versteht und andererseits, als »Gegenmittel«, einen Bereich »vorsozialer«, irrationaler, aber »guter« Mitmenschlichkeit konstruiert, aus deren Quelle Mitleid und eine gegen Barbarei immunisierende Moral zu schöpfen seien (S. 193, vgl. S. 203). In diesem gemütvollen »Sein mit dem Anderen« (S. 203) sei zwar ein bißchen Heterophobie üblich, aber erträglich, weil es sich nicht um einen Ausdruck von Rassismus handeln kann, da dieser per definitionem in den Bereich der Rationalität fällt: exzessiver und mörderischer Rassismus entfalte sich erst durch das Aufbrechen der Nähe zum Anderen (zu den Juden). Mit lapidaren Hinweisen auf eine falsch verstandene Psychoanalyse wird von Bauman auch der Antagonismus zwischen Individuum und Gesellschaft, zwischen Trieb und Kultur und damit schließlich auch der Terror perspektivisch in überschaubare Alltäglichkeit überführt, »so daß am Ende«, wie Detlev Claussen zu Recht anmerkt, »die Trivialitäten des ›gesunden Menschenverstandes‹ als Maximen der Reflexion angeboten werden.«[45]

Aus täterpsychologischer Perspektive läßt sich festhalten: Die NS-Täter waren für Aly engagierte Technokraten, die sich rei-

---

[44] Gerade weil Eichmann kein Monster war, ist es nach dieser Auffassung legitim zu sagen, Eichmann steckt in uns allen drin.
[45] Detlev Claussen, Grenzen der Aufklärung. Die gesellschaftliche Genese des modernen Antisemitismus, Frankfurt am Main 1994, S. 24.

bungslos in das utilitaristische Gesamtprogramm der Nazis einfügten; für Sofsky erscheinen sie als gehorsame Erfüllungsgehilfen einer aus dem gesellschaftlichen Nirgendwo auftauchenden, ahistorischen »absoluten Macht« an sich, als durchaus übliche Folterknechte ohne Haß und andere störende Affekte; auch bei Bauman handelt es sich um effiziente, emotionslose Werkzeuge moderner Zweckrationalität: Pragmatiker des Genozids; und schließlich, als eine Art Gegenposition, die kuriose Täteransicht Armanskis über konforme, mittelmäßige und vollkommen normale, wenn auch im klinisch-psychiatrischen Sinn gleichzeitig extrem pathologische Befehlsvollstrecker.

Trotz gravierender Unterschiede weisen die skizzierten Positionen unter den vorangestellten täterpsychologischen Fragestellungen folgende Gemeinsamkeiten auf, die sich auch bei vielen anderen Untersuchungen zum Holocaust finden lassen und ein mainstream innerhalb der Täter-Forschung zum Ausdruck bringen:

1. Bis auf wenige Ausnahmen, die aber den gesellschaftlichen Durchschnitt prozentual nicht überstiegen hätten, handele es sich bei den NS-Tätern nicht um monströse, sadistische oder pathologische Charaktere, sondern um weitgehend »normale«, gut funktionierende Erfüllungsgehilfen rational erklärbarer Prozesse.

2. Ihre Grausamkeit werde nicht, oder nur am Rande, von Ressentiments oder Ideologien bestimmt. Die »Logik der Moderne« habe ohne großen Aufwand, sowohl gesellschaftlich als auch auf das Individuum bezogen, ihr eigenes destruktives Potential entfaltet. Selbst der Antisemitismus erscheint nur als eine Art fördernde Hilfsvariante zur Hervorbringung der Zerstörungsbereitschaft; das latente Grausamkeitspotential müsse lediglich durch bestimmte Methoden aktiviert werden, um zur Entfaltung zu kommen. Ansonsten erscheint weder der Antisemitismus noch seine elementare Verbindung mit Haß- und Grausamkeitsbereitschaft als gravierendes täterpsychologisches Problem.

3. Eine radikale Absage an jegliche »intentionalistische« Position sei nicht nur zulässig, sondern sogar notwendig, um die entscheidenden sozialen und politischen Dynamiken und Mechanismen nicht in eine Psychologie der Täter aufzulösen; psychische Motivstrukturen, Persönlichkeitsanteile und Dispositionen erscheinen nur noch als nebensächliche und störende Randbedingungen.[46]

Nur unter diesen Prämissen sei eine kühle, (anscheinend) vorurteilslose, von Moral und Schuldzuweisungen weitgehend gereinigte Beschäftigung mit der »Logik der Vernichtung«, eine Auseinandersetzung mit den Strukturen und Prozessen der bürokratisch geregelten, industriell durchgeführten Massenvernichtung unter einem doppelte, auf Objektivität und Subjektivität gleichermaßen bezogenen Normalitätsparadigma möglich.[47] Damit korrespondiert ein Trend der öffentlich-politischen und publizistischen Meinungsbildung, der, nach der deutschen Vereinigung verstärkt, gesellschaftliche »Normalität« einklagt und Auschwitz als ein abgeschlossenes Ganzes zu historisieren versucht: in Erinnerungssymbole gebannt, im doppelten Sinne »aufgehoben«, reserviert als ästhetisiertes Medienereignis für den Bereich punktuell zugelassener Emotionen und inszenierter Betroffenheiten und allerhöchstens als Gegenstand seriöser, leidenschaftsloser und nicht-skandalisierender Geschichtsforschung empfohlen. – Die Täter (und mit ihnen tendenziell auch die

---

[46] Vgl. Sofsky (Anm. 38), S. 23: »Hält man sich andererseits an die Psychologie der Täter und Opfer, so reduziert man die soziale Wirklichkeit auf die Motivstrukturen und Erlebnisweisen der Individuen. Die Prozesse der Vergesellschaftung und Dissoziation, der Organisation und Gewalt kommen so ebenfalls nicht in den Blick.«

[47] Damit scheinen Erklärungen von Massenmord und Grausamkeit letztlich überhaupt ohne eine subjektorientierte Täterpsychologie auszukommen. Das aber bedeutet, wie Ernst Köhler in seiner Kritik an Alys bevölkerungspolitischer Modernisierungstheorie formuliert, »daß alle diese Modernisierungs- und Sanierungstheorien das Morden nicht erklären können. Und daß ihnen das nicht einmal mehr bewußt zu sein scheint. Sie haben das Morden *theoretisch eingeebnet*. Es ist für sie nicht mehr erklärungsbedürftig, weil es für sie im Wesen von irgend etwas liegt: im Wesen der Eugenik, im Wesen der Modernisierung.« Ernst Köhler, Das Morden theoretisch eingeebnet. Zur Wissenschaftskritik der »Hamburger Schule«, in: Schneider (Hg.) (Anm. 28), S. 100.

Opfer) verschwinden zusammen mit der subjekttheoretischen Dimension hinter den Strukturen der Mordmaschinerie.[48] – Das trotzige Beschwören eines gesellschaftlichen »Normalzustands« bestätigt nur die aktuelle Bedeutung des bisher erst in Ansätzen eingelösten Projekts einer nicht-reduktionistischen »Pathologie der kulturellen Gemeinschaften« (Freud).

Der sozialpsychologische Ertrag der Goldhagen-Browning-Kontroverse

Vor diesem Hintergrund *mußte* Daniel Goldhagens 1996 erschienenes Buch *Hitlers willige Vollstrecker* fast zwangsläufig einen Skandal auslösen.[49] Sachlich gesehen ist die allgemeine Aufregung allerdings kaum zu rechtfertigen. Außer einer Reihe wichtiger und teilweise neuer Befunde (über die Polizeibataillone, die Arbeitslager und die sogenannten »Todesmärsche«) liefert Goldhagens Buch im Grunde kaum neue Erkenntnisse. Viele Fragen und Ansätze der Holocaustforschung werden von ihm überhaupt nicht zur Kenntnis genommen oder übergangen – und dennoch: Goldhagens radikal täterzentrierter Versuch einer »Anthropologie der Deutschen« (S. 30 u. S. 46) erregte, besonders wegen der vermeintlichen Wiederauflage erledigt geglaubter moralischer Schuldanklagen, allseits die Gemüter.

Der bis heute anhaltende Ärger (nicht nur) unter Historikern über Goldhagen erklärt sich auch, vielleicht sogar hauptsächlich, aus der Verletzung sicher geglaubter Gewißheiten im Blick auf die Täter. Die größtenteils berechtigte methodische und quellen-

---

[48] Auf dieser Basis scheint es endlich möglich zu sein, ohne moralische Peinigung zuzugestehen: auch die Deutschen, und selbst noch ihre Täter, sind in Wirklichkeit Opfer. Die Parole Mosers, der Umgang mit dem Nationalsozialismus müsse einfühlsam statt moralisch gestaltet werden, korrespondiert wie abgesprochen mit Walsers Plädoyer für eine wirkliche Einheit der deutschen Nation, deren Normalität sich am Grad ihrer Immunisierung gegen moralisch motivierte Kritik bemißt. Seine Forderung, endlich auf die Verwendung von Auschwitz als »Moralkeule« zu verzichten, ist in der Tat ein Tabubruch, der »zitternde Kühnheit« erfordert. Vgl. Karola Brede, Die Walser-Bubis-Debatte. Aggression als Element öffentlicher Auseinandersetzung, Psyche 3/54 (2000), S. 203–233.

[49] Daniel Jonah Goldhagen, Hitlers willige Vollstrecker. Ganz gewöhnliche Deutsche und der Holocaust, Berlin 1996.

kritische Kritik lenkt daher vom eigentlichen Kern seines Tabubruchs ab und verhindert eine systematisch-kritische Auseinandersetzung mit seinen sozialpsychologischen Prämissen und Schlußfolgerungen.[50] Deshalb soll, im Zusammenhang mit den hier gestellten Fragen nach dem Verhältnis von Gewalt und Grausamkeit, Goldhagens Buch auf seinen täterpsychologischen Ertrag hin untersucht werden. Goldhagens Ausgangspunkt ist die Kritik an einer Vernachlässigung der Täter in der gesamten NS-Forschung. Er will dagegen den Blick weg von »unpersönlichen Institutionen und abstrakten Strukturen auf die Täter selbst (...) und auf die Gesellschaft, aus der diese Frauen und Männer kommen« lenken (S. 5). Vor diesem Hintergrund soll noch einmal an seine Hauptthesen erinnert werden:

- Ursache des Holocaust ist für Goldhagen ein spezifisch deutscher Antisemitismus, dessen Geschichte bis ins Mittelalter zurückreicht. Da er im Wesen immer schon bösartig und »eliminatorisch« gewesen sei, trug er die Idee der Vernichtung der Juden von Anfang an in sich.

- Dieser tief in der deutschen Gesellschaft verwurzelte eliminatorische Antisemitismus ist zwar nicht die einzige Ursache, aber die notwendige Bedingung für den »Holocaust«. Die Vernichtungsidee konnte sich real erst durchsetzen, nachdem ein verbrecherisches politisches System an die Macht kam, das die Vernichtung der Juden zum Mittelpunkt seines Programms machte; 1939 wurde der latent vernichtungsbereite Antisemitismus des deutschen Volkes *aktiviert* und in Richtung Genozid gelenkt. Für Goldhagen stellt der wie durch Knopfdruck von Hitler »aktivierte« Antisemitismus das *einzig* maßgebliche soziale, psychologische und sozialpsychologische Motiv für die Massenvernichtung dar.

---

[50] Eine Ausnahme stellt die *Psyche* 6/51 (1997) zum Sonderthema *Goldhagen und die Deutschen* mit Beiträgen von Margarete Mischerlich, Rolf und Barbara Vogt, Werner Bohleber sowie Karola Brede und Alexander C. Karp dar. Vgl. auch Herbert Jäger, Die Widerlegung des funktionalistischen Täterbildes. Daniel Goldhagens Beitrag zur Kriminologie des Völkermords, in: Mittelweg 36, 1/1997, S. 73–85.

- Der Völkermord an den Juden konnte ohne Widerstand durchgesetzt werden, weil nahezu alle Deutschen damit einverstanden waren und sich bereitwillig daran beteiligen wollten. Das deutsche Volk bestand neben den deutschen Opfern *ausschließlich* aus Tätern: aus hunderttausenden direkt und Millionen indirekt Beteiligten und aus noch weit mehr Mitwissern. Darüber hinaus wäre jeder und jede Deutsche bereit gewesen, sich an Mord- und Terroraktionen zu beteiligen, wenn sie die Gelegenheit gehabt und entsprechende Positionen eingenommen hätten. Daraus erklärt sich für Goldhagen auch direkt die Grausamkeit gegenüber den Juden, die sich von derjenigen gegenüber anderen Opfergruppen gravierend unterschied, denn: »Die Deutschen wollten nichts weiter, als daß sie [die Juden, R. P.] litten und starben.« (S. 207)

- Da *alle* Deutschen (zumindest potentielle) Täter waren und gleichzeitig die pathologischen und sadistischen Täter eine absolute Ausnahme bildeten, müssen die realen Täter »ganz gewöhnliche Deutsche« gewesen sein, die ohne besonders auffällige Persönlichkeitsmerkmale einen Querschnitt der Bevölkerung repräsentierten.

Zusammengefaßt lautet Goldhagens Version von der »Logik der Vernichtung«: »Das Bild, das sich die Deutschen von den Juden machten, *prädestinierte* die Juden (...) zur Vernichtung und macht diese Vernichtung *notwendig*.« (S. 461) Das Vernichtungssystem der Nazis war nach dieser Auffassung *in keiner Weise* rational, sondern durchweg irrational, in ökonomischer, politischer und schließlich existentieller Hinsicht. Die Täter waren keine automatisierten Bürokraten oder willenlose, gleichgültige Rädchen im System der Vernichtung, sondern eben »bereitwillige Vollstrecker«, denen selbst das Töten nicht reichte: Sie wollten auch noch Befriedigung aus ihren Mordaktionen ziehen. Diese Lust und ein vollständig freier Wille machten die Mehrzahl der Deutschen voll verantwortlich für ihre Taten: Es handelte sich um normale, urteilsfähige Menschen, die genau wußten, was sie taten.

An diesem Ansatz läßt sich nun vieles kritisieren: die undifferenzierte Pauschalisierung und Generalisierung seiner Kernthese, zu der Goldhagen sich nach dem Muster: »Verallgemeinerungen sind ganz wesentlich für unser Denken« (S. 7) ausdrücklich bekennt; die Monokausalität und der Schematismus seines linearen Erklärungsmodells (»Allein im Hinblick auf das *Motiv* ist bei den meisten Tätern eine monokausale Erklärung ausreichend«, S. 487); die z. T. verblüffende Logik seiner Argumentation, auch die seiner Antworten auf die Kritiken an seinem Buch; der Einzigartigkeitsanspruch seines Modells, mit dem alle anderen als falsch und empirisch widerlegt gelten sollen – die Liste ließe sich sicherlich fortsetzen.[51] Gleichwohl kommt Goldhagen grundsätzlich, trotz aller berechtigten Kritik an der Naivität und der Einseitigkeit seines Ansatzes, eine wichtige Funktion für eine Akzentverlagerung innerhalb der NS-Täterforschung zu. Denn indem er den Antisemitismus als wichtigstes Tatmotiv benennt, hat er einen inzwischen systematisch vernachlässigten Erklärungsansatz wieder in den Vordergrund gerückt. Die Isolierung von Psychopathen, Sadisten und fanatischen »Radauantisemiten« als Minorität unter den Tätern hat, unter dem Vorzeichen des allgemein anerkannten Normalitätsparadigmas, zur Durchsetzung eines Forschungsansatzes geführt, der weitgehend ohne Einbeziehung der »subjektiven Bedingungen objektiver Irrationalität« (Adorno) auszukommen scheint.

Goldhagens Verdienst besteht in der Erinnerung daran, daß ideologische Verblendungen, projektive Wahrnehmungsverzerrungen, Menschenverachtung und Haßbereitschaften bei den nationalsozialistischen Führern, den Funktionseliten und schließlich auch bei den Exekutoren vor Ort nicht nur verbreitet waren, sondern zu den konstitutiven Voraussetzungen ihrer Verbrechen gehörten. Das schließt die Anerkennung der Normalitäts-These grundsätzlich nicht aus, muß aber zu einer Überprüfung des Etiketts »normal« führen, wenn dieses allzu leichtfertig im strikten

[51] Vgl. Julius H. Schoeps (Hg.), Ein Volk von Mördern? Die Dokumentation zur Goldhagen-Kontroverse um die Rolle der Deutschen im Holocaust, Hamburg 1996; Johannes Heil/Rainer Erb (Hg.), Geschichtswissenschaft und Öffentlichkeit. Der Streit um Daniel J. Goldhagen, Frankfurt am Main 1998.

Gegensatz zu »sadistisch« oder »pathologisch« verwendet wird. Welchen Anteil, so ist dabei zu fragen, haben irrationale psychische Reaktionsbereitschaften und Verarbeitungsmechanismen an der vorgeblichen »Normalität« des Einzelnen? Auf diese Frage werde ich am Schluß noch einmal zurückkommen; an dieser Stelle läßt sich als sozialpsychologischer Mechanismus festhalten: Die Mobilisierung bestimmter psychischer Dispositionen und ihre Steigerung bis hin zu einem Ausbruch von Gewalt und Grausamkeit erscheint dann als völlig »normal«, wenn dieser Prozeß im Zeichen eines kollektiv ausgebrochenen objektiven Wahnsinns erfolgt, der die gesamte Gesellschaft durchzieht. In *Normalität und Nationalsozialismus* schreibt Isidor Kaminer hierzu treffend: »Der Wahn war Teil der Normalität geworden, und man könnte durchaus die Behauptung aufstellen, daß der Wahnsinn der ›Gesunden‹ sich an den Geisteskranken und den Juden austobte.«[52]

Für den sozialpsychologisch relevanten Zusammenhang von tötungsbereiter Gewalt und Grausamkeitsbereitschaft bei den Exekutoren der NS-Vernichtungspolitik ist eine kritische Auseinandersetzung mit Goldhagens motivationstheoretischem Grundansatz besonders aufschlußreich. Sein monokausales Modell des eliminatorischen und schließlich »exterminatorischen Antisemitismus« greift auf eine Mischung aus wissenssoziologischen und kognitionspsychologischen Ansätzen, mit Anleihen aus der Einstellungsforschung, zurück. So versucht er Auschwitz aus einem einzigen Motiv heraus zu erklären. Ein *kollektives Bild* – der

---

[52] Isodor J. Kaminer, Normalität und Nationalsozialismus, in: Psyche 5/51 (1997), S. 389. Das Absinken in Barbarei ist weder (kollektiv) ein Rückfall in vorzivilisierte Zeiten noch (individuell) die pathologische Regression auf eine »primitive« Stufe der Persönlichkeitsentwicklung. Einmal als kollektiver Wahn durchgesetzt, hatte, so paradox es zunächst klingt, der Antisemitismus geradezu die Funktion einer Verstärkung allgemeiner Normalisierungseffekte, die eine Beteiligung an ungeheuren Gewaltverbrechen möglich machte, ohne dabei psychisch zu zerbrechen. Vgl. Ernst Simmel (1944), Antisemitismus und Massen-Psychopathologie, in: ders. (Hg.), Antisemitismus, Frankfurt am Main 1993, S. 58–100; Rolf Pohl, Normalität und Massenpathologie – Ernst Simmel, in: Michael Buckmiller/Dietrich Heimann/Joachim Perels (Hg.), Judentum und politische Existenz. Siebzehn Portraits deutsch-jüdischer Intellektueller, Hannover 2000, S. 231–268.

Ausdruck »Ideologie« taucht bei Goldhagen nicht auf – erzeuge linear aus sich selbst heraus Grausamkeit und Massenmord ohne besonders erklärungsbedürftige Zwischenschritte und Konflikte. Der »bösartige« Antisemitismus der Deutschen ist für Goldhagen ein rein »kulturell-kognitives« Modell, das als historisches und gesellschaftliches Dauerthema das gesamte »soziale Gespräch«, das Bewußtsein und damit die Identität jedes Einzelnen determiniert habe (S. 459). Da »Wissen« eine für alle gültige »soziale Konstruktion« sei (S. 87), würden automatisch »alle so denken«. Dieses Wissen aber präformiert nach Goldhagen nicht nur das »Denken«: unterschiedslos werden auch Empfindungen, Einstellungen, Wahrnehmungen, Gefühle (S. 454), Träume (S. 180), der freie Wille, die Überzeugungen und selbst innerpsychische Triebkräfte des Handelns, insbesondere auch der Haß unter dieses rein kognitiv verstandene Wissen subsumiert und pauschal den kollektiven und individuellen Formen des Bewußtseins zugeordnet.[53] Goldhagen insistiert auf dem »kulturell-kognitiven« Charakter seines Modells, aus dem er direkt und linear Haß, Grausamkeit und Tötungsbereitschaft abzuleiten versucht, um an der Vorstellung einer bewußt-kognitiven Steuerung des Menschen festhalten zu können. Dies koinzidiert erstaunlich gut mit dem Bild vom Täter als rationalem Sachwalter instrumenteller Zweckgebundenheit. Wie aber zu Beginn, entlang der sozialpsychologischen Implikationen von Freuds und Mitscherlichs Aggressionstheorie, schon ausgeführt, existiert kein lineares Kontinuum zwischen Wunschphantasie und Realität, zwischen dem Willen und der Tat.

Die von Goldhagen naiv vorgestellte mechanische Umsetzung

---

[53] An dieser Stelle stutzt selbst der Historiker: so sieht Schoeps in Goldhagens Buch den Versuch einer theoretischen Verankerung des Antisemitismus im »kollektiven *Unter*bewußtsein« der Deutschen. Schoeps (Anm. 51), S. 9. Diese Konstruktion ist in mehrfacher Hinsicht falsch: falsch, weil Goldhagen an keiner Stelle davon spricht; falsch aber auch, weil es diese terminologische Konstruktion gar nicht gibt (selbst bei C. G. Jung nicht); und falsch schließlich, weil selbst die korrekt formulierte Idee eines »kollektiven *Un*bewußten« bei Goldhagen auf Ablehnung stoßen muß, da es seinem kognitiven Modell kultureller Wissensübereinkünfte und damit seinem Postulat von der bewußten Verantwortlichkeit der Deutschen widerspricht.

der Idee von Folter und Mord in die Praxis kann weder individuell noch kollektiv funktionieren. Er unterliegt einer täterpsychologischen Paradoxie, wenn er für einen radikal subjektzentrierten Täteransatz eintritt (S. 5), es gleichzeitig aber noch gründlicher als die von ihm teilweise zu Recht kritisierten Positionen schafft, eine Täterpsychologie radikal zu vermeiden. Mit einem Einwand Brownings läßt sich diese Kritik zusammenfassen: »Wenn eine solche Gruppe gleichgültiger Deutscher dem Regime nicht nur die Möglichkeit gab, eine Politik des Völkermordes durchzusetzen, sondern aus ihrer Mitte auch viele Mörder zu rekrutieren, dann müßte sich der Kern der Erklärung verlagern: von Goldhagens einzigem kognitivem Modell einer uniformen Gruppe bereitwilliger Vollstrecker zu einer Kombination ideologischer und situationsbedingter Faktoren, die es einem populären, diktatorischen Regime und dem harten Kern seiner Gefolgsleute ermöglichen, den Rest der Gesellschaft für ihre Zwecke zu mobilisieren und einzuspannen. In einem solchen Ansatz dürfte Antisemitismus mit Sicherheit nicht fehlen, aber er wäre als Erklärung nicht ausreichend.«[54]

Der als Gegenentwurf zu lesende Erklärungsansatz Christopher Brownings zur NS-Täterschaft, den er vor allem im 18. Kapitel seiner Studie *Ganz normale Männer* entwickelt[55], schließt eine Berücksichtigung der von Goldhagen bevorzugten kognitiven Einstellungsforschung nicht aus, geht aber in sozialpsychologischer Hinsicht, für einen Historiker eher ungewöhnlich, weit

---

[54] Christopher R. Browning, Dämonisierung erklärt nichts, in: Schoeps (Hg.) (Anm. 51), S. 121. An anderer Stelle heißt es bei Browning, daß ein dämonisierender Antisemitismus »für sich genommen« als Universalmotiv nicht hinreichend ist. Christopher R. Browning, Daniel Goldhagens willige Vollstrecker, in: ders.: Der Weg zur »Endlösung«. Entscheidungen und Täter, Bonn 1998, S. 167 (vgl. auch S. 171).

[55] Christopher R. Browning, Ganz normale Männer. Das Reserve-Polizeibataillon 101 und die »Endlösung« in Polen, Reinbek bei Hamburg 1993; vgl. auch Christopher R. Browning, Judenmord. NS-Politik, Zwangsarbeit und das Verhalten der Täter, Frankfurt am Main 2000. Als vergleichender Kommentar zu den sozialpsychologischen Ansätzen Goldhagens und Brownings ist aufschlußreich: Jan Philipp Reemtsma, Tötungslegitimationen. Die mörderische Allianz von Zivilisation und Barbarei, in: Gertrud Koch (Hg.), Bruchlinien. Tendenzen der Holocaustforschung, Köln 1999, S. 85–103.

über Goldhagen hinaus. Am Beispiel des Reserve-Polizeibataillons 101 untersucht Browning gründlich die Eskalationsstufen des mörderischen Prozeßgeschehens, die psychisch-dynamischen Auswirkungen auf die Beteiligten und die jeweilige subjektive Bereitschaft (oder Verweigerung) zur Erfüllung der Mordaufträge. Er arbeitet die Techniken und Mechanismen der Gewöhnung, der Abstumpfung, die Rolle des Autoritätsgefälles, der Gruppenzwänge, des Konformitätsdruck und der kameradschaftlichen Solidarität der Tätern unter dem Gesichtspunkt heraus, wie halbwegs »normale« Männer sich allmählich in ausführende Täter und schließlich in »berufsmäßige Mörder« verwandeln konnten (S. 13). So lassen sich die psychischen Prozesse zumindest exemplarisch an einer Tätergruppe nachspüren, die zur Überwindung des »Abgrunds« vor dem »Übergang zur Tat« (Lanzmann) und schließlich eines »point of no return« (Mitscherlich) führten und zur Entfaltung mörderischer Grausamkeit entscheidend beigetragen haben.[56]

Eine von Brownings Schlußfolgerungen läßt sich auch als Entgegnung auf Goldhagen lesen, da es keine allgemeingültige, schlüssige Erklärung der individuellen und kollektiven Genese von Massenmördern geben kann, vor allem keine, die sich auch nur annähernd mit einem ähnlich universellen Geltungsanspruch versehen ließe wie Goldhagen es tut, d. h.: »Diese Geschichte von ganz normalen Männern ist nicht die Geschichte aller Männer oder Menschen« (S. 246). Die sich anschließende Ergänzung muß, über Browning hinausgehend, auch als Warnung vor einer

---

[56] Festzuhalten ist auch, daß Browning den in den meisten Erklärungsansätzen weitgehend ausgeblendeten geschlechtsspezifischen Gesichtspunkt, der schon im Titel seines Buchs (im Unterschied zu Goldhagen) zum Tragen kommt, zumindest erwähnt (S. 242). Brownings Andeutungen über den die Gruppenloyalität stärkenden (männerbündischen) Zusammenhang von Härte, Kameradschaft, Gehorsamsbereitschaft und gesellschaftlich vorherrschenden Männlichkeitswerten gilt es weiter auszubauen. Vgl. etwa das Fazit der Untersuchung von Brownings Lehrer und Freund, dem Historiker George Mosse zur Rolle der Männlichkeitsideologie im Faschismus: »Der Faschismus überhöhte die kriegerischen Elemente der Maskulinität; der Rassismus brutalisierte und verwandelte Theorie und Rhetorik in schreckliche Realität.« George L. Mosse, Das Bild des Mannes. Zur Konstruktion der modernen Männlichkeit, Frankfurt am Main 1997, S. 233.

Auflösung der Täterforschung in eine beliebig anwendbare Allerweltspsychologie verstanden werden, denn: »(...) jene, die getötet haben, können nicht aus der Vorstellung heraus freigesprochen werden, daß in ihrer Situation jeder Mensch genauso gehandelt hätte«. (ebd.)[57] Browning wendet sich ausdrücklich gegen einen Trend in der Holocaustforschung, der mit der Konzentration auf banale Alltagsgeschichten »von den beispiellosen Greueln der Genozidpolitik des NS-Regimes« abzulenken versucht (S. 16). Dieser Hinweis ist besonders dann berechtigt, wenn nicht die normale Alltäglichkeit jenseits der Greuel ins Zentrum gerückt, sondern die Täter und die von ihnen begangenen Greueltaten selbst nach den Kriterien alltäglicher Normalität bewertet werden. »Methodologisch gesehen ist ›Alltagsgeschichte‹ jedoch neutral. Sie wird nur dann zur Ausflucht oder zum Versuch, das ›Dritte Reich‹ als etwas ›Normales‹ darzustellen, wenn es ihr nicht gelingt, deutlich zu machen, wie weit der Alltag unter der Naziherrschaft zwangsläufig von der verbrecherischen Politik des NS-Regimes durchdrungen war. (...) Wie die Geschichte des Polizeibataillons 101 zeigt, wurden Massenmord und Alltagsroutine schließlich eins. Die Normalität wurde immer anormaler.« (ebd.)[58]

Brownings Verweise auf Adornos Studien zum »autoritären Charakter«, auf Steiners Modell des »sleepers«, auf Zimbardos Gefängnis-Experiment in Stanford und schließlich auf das berühmte wissenschaftliche Autoritäts-Gehorsam-Experiment Milgrams, geben zweifellos nützliche Hinweise zum Verständnis einer Verwandlung von »ganz normalen Männern« in »effiziente und gefühllose Henker« (S. 113). Aber durch die Überbetonung von Effizienz und Gefühllosigkeit lassen sich die bei den NS-Tä-

---

[57] »Die Hartnäckigkeit, mit der sich zuweilen unvorstellbar ausschweifende aggressive Phantasien in Foltermethoden verwirklicht haben, ist mit psycho*logischem* Einmaleins kaum verstehbar zu machen.« Mischerlich (Anm. 17), S. 174f.
[58] Dieser individuell und kollektiv bedeutsame Zusammenhang von Normalität und Anormalität wird aber in jenen Ansätzen übersehen, die den Typus eines Täters generieren, der frei von Fanatismus, Grausamkeit und mörderischem Haß ausschließlich mit einer gleichgültigen, gefühllosen Härte seiner bürokratisch geregelten Arbeit im Prozeß der nach industriellem Maßstab durchgeführten Massenvernichtung nachgeht.

tern und in ihren Verbrechen zum Ausdruck kommende Dynamik menschlicher Grausamkeit, ihre Tötungsbereitschaft sowie die (inneren und äußeren) »Produktionsbedingungen« ihrer Hervorbringung (Brückner) nicht hinreichend erklären. Aus diesem Grunde müßte die von Browning geforderte Berücksichtigung ideologischer *und* situationsbedingter Faktoren um die theoretische Dimensionen unbewußt-bewußter psychodynamischer Prozesse, Strukturen und Mechanismen erweitert werden, sofern ein solcher Zugang im Rahmen der Analyse einzelner Täter oder Tätergruppen überhaupt möglich ist.[59]

In diesem Zusammenhang läßt sich noch einmal auf Mitscherlichs psychoanalytische Ansätze zur menschlichen Destruktivität und die von ihm gestellte Kernfrage nach dem Verhältnis von tötungsbereiter Gewalt *und* Grausamkeit zurückkommen. Dabei soll insbesondere überprüft werden, ob und inwieweit Mitscherlichs differenziertes Konzept menschlicher Grausamkeit dazu beitragen kann, den unfruchtbaren, weil meist ausschließend gedachten und mit klaren Präferenzen versehenen Gegensatz der gängigen Täterbilder von (pathologischer) Affektbestimmtheit und (normaler) Leidenschaftslosigkeit wenn nicht aufzulösen, so zumindest zu hinterfragen. Auch Browning sieht die andere, menschlich abgestumpfte Seite grausamer Tötungsbereitschaft, die als »Schlachtfeldraserei« etwa in den berüchtigten Massakern von Oradour oder My Lai explosionsartig zum Ausbruch gekommen ist (S. 209 f.); aber mit den mörderischen Exzessen erklärt er auch die menschliche Grausamkeitsbereitschaft in toto zur absoluten Ausnahme vom Regelfall disziplinierter Umsetzung amtlicher Regierungspolitik und militärischer Befehle und übersieht dabei, daß primär nicht der Gehorsam potentiell mörderisch ist (S. 226), sondern die unbewußte Bereitschaft (und Fähigkeit) zu Haß und Grausamkeit.[60] – Für Mitscherlich

---

[59] Browning sieht und betont, im Unterschied zum mainstream täterpsychologischer Konstruktionen, die universelle Verbindung von Massen- und Völkermorden *mit* Grausamkeit, eine Verbindung, die weit »über die kognitiven und kulturellen Bedingungen gewöhnlicher Deutscher hinausgehen« (Browning (Anm. 54)), S. 178), verkürzt aber die daraus abgeleitete Untersuchungsperspektive auf eine Erforschung universeller Aspekte der menschlichen *Natur* (vgl. ebd. und S. 183 f.).

[60] Zum Phänomen der »Berserkerwut« am Beispiel traumatisierter Viet-

stammt dagegen selbst der blinde und »machtvolle« Gehorsam, mit dem die Mordaufträge der Nazis erfüllt wurden, aus der »unbewußte(n) Verführbarkeit zur Tötungslust«.[61]

Grausamkeitslust und Grausamkeitsarbeit

Alexander Mitscherlichs Arbeiten zur menschlichen Grausamkeit knüpfen an Freuds triebtheoretische Hypothesen über die menschliche Aggressivität an. Trotz des anthropologisierenden Zuges, der ihnen anhaftet, handelt es sich nicht, wie wir gesehen haben, um ein biologisches Konzept. Menschliche Grausamkeitspotentiale stellen kein gattungsgeschichtlich ererbtes Substrat dar, sondern entfalten sich erst historisch und lebensgeschichtlich im Spannungsfeld von Trieb und Gesellschaft. Die Wurzeln der Grausamkeit liegen nach Mitscherlich auf drei Ebenen: 1. in der (aggressiven) Triebausstattung des Menschen, ohne ein »definitiv festgelegtes Verhaltensrepertoire«[62]; 2. in einer Verstärkung und Lenkung der Aggressivität durch Unlusterfahrungen (Aggressions-Frustrations-Hypothese). Die auftretenden innerpsychischen Konflikte und Spannungen bilden für die Außenwelt geeignete »Anknüpfungspunkte wirksamer Ausbeutung«, die ein scheinbar ungehemmtes Ausleben der Aggressivität erst ermöglichen; und daher 3. in den Gefahren einer Umsetzung der »aggressiven Triebschicksale« in legitimierte Handlungen durch »machtbefugte Repräsentanten der Gesellschaft« (ebd.). Das bisher ungelöste Problem eines allgemeinen Gewaltverzichts liegt also nicht im menschlichen Triebhaushalt, sondern in der Verfaßtheit der Gesellschaften und Staaten.

Die psychoanalytische Theorie der menschlichen Aggressivität und Destruktivität beschränkt sich deshalb nicht auf die häufig biologisch mißverstandene »Triebseite«, sondern ist Bestandteil

---

nam-Veteranen vgl. Jonathan Shay, Achill in Vietnam. Kampftrauma und Persönlichkeitsverlust, Hamburg 1998; zum Massaker von My Lai vgl. Bernd Greiner, »A Licence to Kill«. Annäherungen an die Kriegsverbrechen von My Lai, in: Mittelweg 36, 6/1998, S. 4-25.

[61] Mitscherlich/Mielke (Anm. 20), S. 9.

[62] Mitscherlich, Die Idee des Friedens und die menschliche Aggressivität, in: ders. (Anm. 16), S. 123.

einer umfassenderen Theorie »der außerordentlichen Vielgestaltigkeit realer und phantasierter Objektbeziehungen«. An den Objekten, so betont Mitscherlich in seinem Aufsatz *Zwei Arten der Grausamkeit*, »verschränken sich libidinöse und aggressive Besetzungen« (S. 170). Eine Bezugnahme auf »Objekte« ohne eine solche Triebverschränkung, und das heißt auch, ohne die dazu gehörenden affektiven Komponenten ambivalenter Liebe-Haß-Regungen ist undenkbar, außer es würden grundsätzlich *alle* Beziehungen zum Objekt und damit *alle* Formen von Objektbesetzungen abgezogen und zerstört. Dies aber ist fiktiv und in letzter Konsequenz nur realisierbar im *Tod*, d. h. durch einen Akt der absoluten Selbst- oder Fremddestruktion – als Sieg des von Freud als »Todestrieb« gefaßten regulativen Prinzips über das Leben.[63] In der menschlichen Grausamkeit sieht Freud die Entfesselung eines Aggressions- und Haß-Potentials, das im Wechselspiel endogener und exogener (letztlich gesellschaftlicher) Faktoren versucht, den Todestrieb aus seiner Legierung mit den Lebenstrieben (Sexualität und Selbsterhaltung) und seinen Abkömmlingen radikal zu lösen. Wie aber paßt Mitscherlichs Definition von Grausamkeit als Lustgewinn aus den Leiden der Gefolterten in dieses metapsychologische Modell von Triebentmischung unter dem Vorzeichen des Thanatos-Prinzips?

In diesen Zusammenhang kommt der von Mitscherlich vorgenommenen Unterscheidung von »*Grausamkeitslust*« und »*Grausamkeitsarbeit*« eine besondere Bedeutung zu. Grausamkeits*lust* im engeren Sinne bezeichnet die Erlangung direkter sexueller Befriedigung durch das Zufügen von Schmerzen in allen möglichen

---

[63] Um »Objekte« zerstören zu können, genügt nicht allein der Befehl oder der Glaube an die Nützlichkeit des eigenen Tuns. Gerade die Judenvernichtung zeigt, wie sehr das Mordgeschäft dem Haß entspringt und wie es durch Techniken der Derealisierung und Dehumanisierung der Opfer erleichtert wird. Die den NS-Tätern so häufig attestierte »eiskalte Sachlichkeit des Tötens« steht nicht im Gegensatz zum Haß, sondern ist, so paradox es klingt, der Ausdruck einer Haß-Beziehung, die im leidenschaftslosen Habitus ihre eigentliche Quelle zu verschleiern sucht. Unter dieser Perspektive kommt dem Antisemitismus mit seinen Anteilen »pathischer Projektion« (Adorno) eine zentrale Vermittlungsfunktion zwischen persönlicher und politischer Konstruktion eines absoluten Feindes als Vorstufe seiner Vernichtung zu.

Abstufungen perverser Inszenierungen. Die Qualen der Opfer dienen der Steigerung sexueller Lust. Das »Endziel« dieser spezifischen Legierung von Sexualität und Aggressivität ist, wie bei allen sexuellen Perversionen, der Orgasmus, die »genitale Entladung« unter sadistischem Vorzeichen. Diese Form des Sadismus als Perversion, die Mitscherlich prototypisch an den Schriften des Marquis de Sade festmacht, ist eine nahezu ausschließlich *männliche* Angelegenheit. Nach Freud haben diese (mehr oder weniger sadistischen) Legierungsformen drastische Konsequenzen: »Veränderungen im Mischungsverhältnis der Triebe haben die greifbarsten Folgen. Ein starker Zusatz zur sexuellen Aggression führt vom Liebhaber zum Lustmörder (...).«[64] Demnach ist die Grenze zwischen Normalität, Perversion und Kriminalität fließend, oder anders ausgedrückt: spezifische perverse und pathologische Züge gehören auch zur Grundausstattung hegemonialer »Normalmännlichkeit« unter den gegebenen gesellschaftlichen und geschlechtlichen Herrschaftsverhältnissen.[65]

Die Grausamkeits*arbeit* dagegen kennt nach Mitscherlich den (genitalen) Orgasmus als Triebziel nicht und ordnet die gesamte sexuelle Dimension fast vollständig der Destruktionsabsicht unter, die als »asexuell destruktiv« gefaßt wird (S. 184). Im Gegensatz zum Sadisten seien beim Grausamkeitsarbeiter »die libidinösen und die destruktiven Triebvorgänge streng voneinander getrennt« (ebd., S. 185). Diese radikale Trieb*entmischung* sei es dann auch, die den (nicht sadistischen) Grausamkeitsarbeiter zum typischen, politisch erwünschten und hervorgebrachten, zweckdienlichen Vollzugsorgan der nationalsozialistischen (und anderer staatlich geregelter) Massenverbrechen mache. Der Grausamkeitsarbeiter entspricht in dieser Reinform tatsächlich eher dem auch nach Mitscherlichs Überzeugung vorherrschenden »Normaltypus« des ebenfalls als Reinform konstruierten relativ leidenschaftslosen, gefühlskalten, mitleidlosen und bereit-

---

[64] Sigmund Freud (1938), Abriß der Psychoanalyse, G. W. XVII, S. 71.
[65] Das Konzept der »hegemonialen Männlichkeit« geht auf den australischen Soziologen Connell zurück: Robert W. Connell, Der gemachte Mann. Konstruktion und Krise von Männlichkeiten, Opladen 1999; vgl. auch Rolf Pohl, Feindbild Frau. Männliche Sexualität, Gewalt und die Abwehr des Weiblichen, Hannover 2002 (erscheint im Oktober).

willig funktionierenden Vollstreckers des bürokratisch-industriellen Massenmords. Bei der Grausamkeitsarbeit »geht es um Akkord, um Bewältigung eines Tagespensums von Qualen und Morden« (S. 183). Dieser konstruierten Reinform entspricht und entspringt das Klischee eines Normalarbeitstages: »Der Destruktionsarbeiter, den irgendeine Organisation auf seinen Posten am Gasofen gebracht hat, geht am Abend wie andere auch mit dem Gefühl, einen arbeitsreichen Tag hinter sich gebracht zu haben, nach Hause. Sexuelle Freuden oder Erregungen hat er dabei nicht erlebt« (S. 184) – kurzum: »Ohne Mordauftrag sind diese Leute buchstäblich harmlos.« (S. 185)

Die einzige Befriedigung, die der »Destruktionsarbeiter« aus seiner Tätigkeit schöpft, seine Lust, ist letztlich narzißtischer Art, also keine »ausgeborgte« Sexuallust, sondern eine, deren Triumphgefühl über das zerstörte Objekt »(...) mit einer Bestätigung der eigenen Überlegenheit einhergeht, mit der Verwirklichung der Phantasien des ›grandiosen Selbst‹ (H. Kohut).« (S. 187) – Aber, so ist zu fragen, kann es überhaupt eine Lust (und Befriedigung) *jenseits* der von Freud konzeptionell als »Psychosexualität« umfassend erweiterten Sexualität geben?[66] Hat die »Lust der aggressiv-grausamen Gewalttat« nichts mit Sadismus zu tun und kann die »sinnlose Gewalt« (Primo Levi) eines sadistischen Terrorsystems ohne irgendeine Beteiligung sadistischer Regungen der Täter exekutiert werden? Die von Mitscherlich postulierte radikale Trieb*entmischung* als Funktionsbasis des »Grausamkeitsarbeiters« ist nur ein theoretisches Konstrukt. In der Praxis dagegen kommt es, wie Mitscherlich an dieser Stelle konzediert, immer wieder zu Variationen von alten und neuen Mischungen der libidinösen und destruktiven Triebe.[67]

Unter bestimmten Umständen könnten sogar spontan solche »Triebmischungen« auftreten, die zu den typischen Kennzeichen

---

[66] »Es entsteht die Frage, ob die Befriedigung rein destruktiver Triebregungen als Lust verspürt werden kann, ob reine Destruktion ohne libidinösen Zusatz vorkommt.« Freud (Anm. 64), S. 76.
[67] Die gemeinsam mit Mielke dokumentierten Verbrechen der Nazi-Ärzte zeigen ja in eindrucksvoller und erschreckender Weise, wie ein eiskaltsachliches und wissenschaftlich »rational« organisiertes Absinken in eine »weltzerstörerische Trieblust« funktionieren konnte.

der »Schlachtfeldraserei« (Browning) gehören. In Exzessen, Pogromen, Massakern und bei der Folter breche bei den Tätern auch ihre Sexualität als Teil einer »wilden Destruktionslust« mit hervor, allerdings im Gegensatz zur Grausamkeitslust, so Mitscherlichs Überzeugung, *ohne* die Fixierung auf ein genitales »Endziel«. Damit erweisen sich aber die zunächst so absolut gefaßten Unterschiede zwischen beiden Grausamkeitstypen als nur graduelle. Schaut man genauer auf jene Destruktionsorgien, die als Beleg für die Grausamkeitsarbeit gelten könnten, wird deutlich, daß die klare Unterscheidung Mitscherlichs sich nicht aufrechterhalten läßt. Die Nähe der Grausamkeitsarbeit zur Perversion etwa zeigt sich gerade an den historischen Beispielen, die Mitscherlich bei der Abfassung seines Aufsatzes (1969) vor Augen hatte und die er zur Bestätigung seiner These des prinzipiell »nicht-sexuellen« Charakter der Grausamkeitsarbeit heranzieht. Zu den Verbrechen amerikanischer Soldaten an der vietnamesischen Dorfbevölkerung von *My Lai* 1968 gehörten auch systematische Massenvergewaltigungen, die für Mitscherlich eigentlich nicht zum Verhaltensrepertoire der »Grausamkeitsarbeiter« zählen.[68] Auch »Grausamkeitsarbeiter« verfügen über gewisse, in spezifischen Situationen existentieller Ängste und Bedrohungen und unter Druck auslösbare und kanalisierbare perverse (sadistische) Potentiale, daher muß das Modell von »Triebmischungen« und »Trieb*ent*mischung« neu und gründlicher diskutiert werden – selbstverständlich auch und mit besonderer Sorgfalt hinsichtlich der in den Geschlechterverhältnissen eingelagerten männlichen Haß- und Gewaltbereitschaft.[69]

---

[68] Es sei denn, man würde behaupten, Vergewaltigungen hätten nichts mit Sexualität und schon gar nichts mit genitaler Sexualität der Täter zu tun. Erstaunlicherweise ist diese absurde Position, es ginge nur um Macht, nicht aber um Sexualität, nicht nur sehr verbreitet, sondern hat sich in nahezu allen Diskursen über sexuelle Gewalt durchgesetzt. Vgl. Rolf Pohl, Massenvergewaltigung. Zum Verhältnis von Krieg und männlicher Sexualität, in: Mittelweg 36, 2/2002, bes. S. 69–73. Vgl. zur Tatsache der Vergewaltigungen in My Lai: Susan Brownmiller, Gegen unseren Willen. Vergewaltigung und Männerherrschaft, Frankfurt am Main 1978, S. 106–108.

[69] Nach Freud weist die Sexualität der meisten Männer strukturell eine Beimengung von Aggression und einer paranoid eingefärbten Feindseligkeit auf, was sich vor allem in der unbewußten Einstellung zur Weiblichkeit

Neben der (weiterhin offenen) Frage nach dem Einfluß der Sexualität und dem Verhältnis von Lust und Arbeit in den Akten »normaler« Grausamkeit ist noch ein weiterer Hinweis Mitscherlichs für die Analyse der »Destruktionsarbeiter« wichtig, um das Phänomen der *Gewissenlosigkeit*, den Mangel an Schuldgefühl und Schuldeinsicht und das völlige Fehlen eines »Leidensdrucks« der Täter genauer zu erfassen. Das reibungslose Funktionieren von Menschen in einer Massenmordmaschinerie läßt sich nicht allein auf Gruppenzwänge und einen nicht weiter auflösbaren Befehlsgehorsam zurückführen. Die Tatsache, daß diese Leute »ohne Mordauftrag« für Mitscherlich »buchstäblich harmlos« wirkten, erklärt zwar ihre reibungslose Integration in die Nachkriegsgesellschaft, aber nicht ihre Beteiligung am Quälen und Töten ihrer Mitmenschen ohne Mitleid.

Mitscherlich führt das mitleidlose Funktionieren des »Grausamkeitsarbeiters« auf eine nichtpathologische »Ich-Spaltung«, auf den »Ego-Split« einer tendenziell »multiplen Persönlichkeit« zurück, die es etwa einem Höß erlaubt habe, »Mörder und rührender Vater und Ehemann« (S. 185) zugleich zu sein.[70] Auch das ist ein Klischee, ähnlich wie das inflationär verwendete Etikett der »Normalität« als herausragendes Tätermerkmal. An diesem Bild des »braven Familienvaters« hat Höß selbst ordentlich mitgestrickt und wir wissen nicht einmal, ob es überhaupt zutrifft.[71]

---

ausdrückt. Vgl. Pohl (Anm. 65). Das schließt natürlich die Partizipation von Frauen an der (mehr oder weniger) sadistischen Grausamkeitsarbeit nicht aus. Die direkte Einbindung vieler Frauen als Täterinnen im NS-Vernichtungsapparat zeigt, daß die Idee prinzipieller weiblicher Friedfertigkeit ein Mythos ist. Vgl. Claudia Koonz, Mütter im Vaterland. Frauen im Dritten Reich, Freiburg i. Br. 1991; Angelika Ebbinghaus (Hg.), Opfer und Täterinnen. Frauenbiographien des Nationalsozialismus, Frankfurt am Main 1996; Frauke Koher, Weiblichkeit und Aggression – Eine Auseinandersetzung mit der Theorie Margarete Mitscherlichs und anderen ausgewählten Ansätzen der neueren psychoanalytischen Diskussion, Hannover 1992 (Diplomarbeit).

[70] Als gründliche Weiterführung des Gedankens vom »Ego-Split« ist die Untersuchung Liftons zum Phänomen der »Dopplung« bei NS-Ärzten in ein »normales« und ein »Auschwitz-Selbst« zu lesen. Robert Jay Lifton, Ärzte im Dritten Reich, Stuttgart 1988.

[71] »Abgesehen davon, daß dieses Bild auf ganz unzureichenden Informationen über die Persönlichkeiten von Menschen wie Höß oder Eichmann gegründet ist, und man die Zuschreibung des Prädikats ›rührender Vater‹

Dem Gerichtspsychologen Gilbert gegenüber bekennt er am Rande des Nürnberger Hauptkriegsverbrecherprozesses: »Ich bin völlig normal. Selbst als ich die Ausrottungsaufgabe durchführte, führte ich eine normales Familienleben und so weiter.«[72] Gilbert stellt diese Selbstetikettierung des Prototyps eines »kleinbürgerlich-normalen Menschen« (Broszat) in Frage und vermeidet einfache Erklärungen nach dem beliebten und bequemen Muster des »entweder-oder«: »wenn nicht pathologisch oder sadistisch«, dann eben »normal«. Höß macht auf Gilbert »(...) den Gesamteindruck eines Mannes, der geistig normal ist, aber mit einer schizoiden Apathie, Gefühllosigkeit und einem Mangel an Einfühlungsvermögen, wie er kaum weniger extrem bei einem richtigen Schizophrenen auftritt.«[73] Die These des (zeitweiligen) Vorherrschens psychoseähnlicher Spaltungsmechanismen in der »Normalpathologie« von Höß und anderen Tätern wird damit gut belegt. Pathologie und Normalität stellen weder in klinischer noch in sozialpsychologischer Hinsicht einen absoluten Gegensatz dar.[74]

Für die Bestimmung des Verhältnisses von Normalität und Pathologie sind zwei Erkenntnisse Freuds wichtig, die in der täterpsychologischen Diskussion stärker als bisher berücksichtigt

---

wohl bei einem in Zweifel ziehen kann, der sein Kind in der Kommandantur von Auschwitz aufwachsen läßt, ist dieses Bild weniger ein Abbild der in Frage stehenden Persönlichkeit als vielmehr eines unserer Schwierigkeiten mit ihnen. Die Monstrosität der Taten dieser Personen ist von einer Art, daß wir sie nicht zusammenbringen können, daß sie selber nur das Format von Durchschnittsschurken haben.« Jan Philipp Reemtsma, Versuche, die menschliche Grausamkeit psychoanalytisch zu verstehen, in: ders. u. a., Falun. Reden & Aufsätze, Berlin 1992, S. 261 f.

[72] Zit. nach Gilbert (Anm. 41), S. 251.
[73] Ebd., S. 253.
[74] Vgl. Helmut Bach/Michael Heine, Pseudonormalität und »Normalpathologie«, in: Helmut Bach (Hg.), Der Krankheitsbegriff in der Psychoanalyse. Bestimmungsversuche auf einem Psychoanalytiker-Kongreß der DG-PPT, Göttingen 1980, S. 11–35; eine klassische Arbeit über das Verhältnis von Normalität und Pathologie in der Medizin und den Verhaltenswissenschaften ist Georges Canguilhem, Das Normale und das Pathologische, München 1974; eine ethnopsychoanalytische Untersuchung der kulturellen Dimension psychischer Erkrankung findet sich bei Georges Devereux, Normal und anormal. Aufsätze zu einer allgemeinen Ethnopsychiatrie, Frankfurt am Main 1974.

werden sollten: Erstens weist Freud am Beispiel der Träume und Fehlleistungen auf die grundsätzliche Übereinstimmung zwischen normalen und pathologischen Mechanismen in der Arbeitsweise der psychischen Persönlichkeit hin. Diese Kongruenz entkräftet den pauschalen Vorwurf an die Psychoanalyse, sie würde Phänomene außerhalb ihres klinisch-therapeutischen Rahmens in unzulässiger Weise pathologisieren. »Man kann der Psychoanalyse nicht vorwerfen, daß sie am pathologischen Material gewonnene Einsichten auf das normale überträgt. Sie führt die Beweise hier und dort unabhängig voneinander und zeigt so, daß normale, wie sogenannte pathologische Vorgänge denselben Regeln folgen.«[75] Zu diesen Mechanismen seelischer Tätigkeit gehören auch die Isolierung, die Abspaltung und die Projektion. Sie dienen der Abwehr unlustvoller oder psychisch nicht zu integrierender innerer oder äußerer »Reize« und gelten in der Frühzeit der lebensgeschichtlichen Entwicklung als durchaus normaler Modus im Umgang mit der Wirklichkeit, worauf bereits am Anfang, im Zusammenhang mit der Diskussion des frühkindlichen Sadismus hingewiesen wurde (vgl. Anm. 11). Diese archaischen Abwehrmechanismen sollten im Laufe der Persönlichkeitsentwicklung einigermaßen erfolgreich in sozialverträgliche Wahrnehmungs- und Interaktionsmuster überführt werden. Aber das gelingt offenbar nur annäherungsweise.

An dieser Stelle fügt sich die zweite Erkenntnis Freuds über die Verbindung des Pathologischen zum Normalen ein: »Das Ich (...) muß ein normales Ich sein. Aber ein solches Normal-Ich ist, wie die Normalität überhaupt, eine Idealfiktion. Das abnorme, für unsere Absichten unbrauchbare Ich ist leider keine. Jeder Normale ist eben nur durchschnittlich normal, sein Ich nähert sich dem des Psychotikers in dem oder jenem Stück, in größerem oder geringerem Ausmaß (...).«[76] Die Grenze zwischen Normalität und Pathologie ist demnach fließend. Auch aus dieser, zunächst neurosen-ätiologischen These folgt, daß pathologische Einsprengsel bis hin zu Elementen psychotischer Reaktionsbereitschaften –

---

[75] Sigmund Freud (1913), Das Interesse an der Psychoanalyse, G. W. VIII, S. 392.
[76] Sigmund Freud (1937), Die endliche und die unendliche Analyse, G. W. XVI, S. 80.

was sich vor allem auf jene hier zur Debatte stehenden Spaltungsphänomene beziehen läßt – zum (latenten) Kernbestand auch halbwegs normaler Persönlichkeiten, ihrer Wahrnehmungsorganisation und ihres Affekthaushalts gehören.

In Zeiten ausweglos erscheinender Konflikte und zugespitzter innerer und äußerer Krisen kann auf diese Spaltungs- und Projektionsmechanismen zurückgegriffen werden und die Menschen bedienen sich regressiv einer primitiven Weltsicht, die anscheinend nur unzureichend überwunden worden ist. Diese Mechanismen können ideologisch aufgegriffen, massenpsychologisch verstärkt und in politisch erwünschte Handlungsbahnen überführt werden. Der dabei drohende »Rückfall in die Barbarei« bedeutet keinen wirklichen Rückfall in eine angeblich vorzivilisierte Zeit, sondern die Kultivierung eines zum Normalen gehörenden humanspezifischen Potentials. Die NS-Täter können vor diesem Hintergrund mit Adorno treffend als »Normalungetüme bezeichnet werden.[77]

In seinem Aufsatz *Versuche, die menschliche Grausamkeit psychoanalytisch zu verstehen* knüpft Jan Philipp Reemtsma an Mitscherlichs These vom »Ego-Split« an und greift auf Freuds Theorie über den Anteil dieser »primitiven« Spaltungsvorgänge (Abspaltung, Introjektion und Projektion) an der Genese menschlicher Haß- und Gewaltbereitschaft zurück. Die nach außen gerichtete Aggression hat nach Reemtsma die Aufgabe, die befürchtete Zerstörung des eigenen Selbst zu verhindern, abzuwehren und zu kompensieren. Die aktuelle Mobilisierung dieser Angst, die sich aus archaischen Quellen speist, verbindet sich mit ebenfalls archaischem Haß zu einem Potential, das als Grausamkeit projektiv nach außen gekehrt werden kann. »Aus dem Angstpotential wird Grausamkeitspotential, sobald die Möglichkeit besteht, der

---

[77] Theodor W. Adorno, Negative Dialektik, Frankfurt am Main 1975, S. 282. Vgl. auch Hans Mommsens Definition des NS-Genozids als »moderne Barbarei«: »Die Vision, ein rassisch homogenes Herrschaftsvolk zu kreiren, trug atavistische Züge. Die Methoden und die bürokratische Perfektion, mit denen versucht wurde, sie in die Wirklichkeit umzusetzen, gehörten dem 20. Jahrhundert an, und sie sind auch in der Gegenwart nicht ohne anschauliches Pendant.« (Hans Mommsen, Barbarei und Genozid, in: ders., Von Weimar nach Auschwitz. Zur Geschichte Deutschlands in der Weltkriegsepoche, München 2001, S. 282.)

befürchteten Zerstörung durch Zerstörung des Angsterregenden zuvorzukommen.«[78]

Dabei handelt es sich um einen Regressionsvorgang, der zu Umschichtungen der innerpsychischen Niederschläge älterer Erfahrungen führt und nun »progressiv«, kompensatorisch nach außen verlagert wird. Die scheinbar primitive Archaik des angesprochenen Angst-, Haß- und Grausamkeitspotentials bezieht sich auf die *Quellen* und auf die bevorzugt verwendeten *Abwehrmechanismen*, nicht auf ihre Erscheinungsformen. Grausamkeitspotential ist somit das Ergebnis *nachträglicher* Bearbeitungen und Umschriftungen eingelagerter Erfahrungen und ihrer Niederschläge in den Gedächtnisstrukturen des Unbewußten. Reemtsma betont, daß die Zerstörung des externalisierten Haßobjekts eine Umgehung, Schwächung und schließlich die Außerkraftsetzung des *Über-Ichs* voraussetzt. Wenn ein politisches Terrorregime und seine massenpathologisch wirksamen Ideologien nicht nur die (imaginären und realen) »Objekte« des Hasses liefern, sondern gleichzeitig eine Autorität hervorbringen, der bedingungslos gehorcht wird, kann die individuelle Über-Ich-Bildung rückgängig gemacht werden.[79]

Besonders Exzesse und Pogrome machen deutlich, so die Schlußfolgerung Reemtsmas, wie, mit offizieller »Erlaubnis«, im Über-Ich verankerte kulturelle Aggressionshemmungen einschließlich des Tötungsverbots unterlaufen werden und ein »totaler Zusammenbruch dieser Instanz« erfolgen kann. Für Reemtsma handelt es sich dabei um einen temporären »Rückfall in die Barbarei«, der nicht ausschließt, daß anschließend die Grenzen des früheren Zustandes der Über-Ich-gesteuerten Selbstkontrolle wieder aufgerichtet werden. Die Täter funktionieren nach dem Exzeß in der Regel wieder »normal«.[80] Das bedeutet

---

[78] Reemtsma (Anm. 71), S. 255.

[79] Dieser Vorgang gehört für Freud zu den konstitutiven Elementen von Massenbildungen mit Führern. »Eine solche primäre Masse ist eine Anzahl von Individuen, die ein und dasselbe Objekt an die Stelle ihres Ichideals [Über-Ichs, R. P.] gesetzt und sich infolgedessen in ihrem Ich miteinander identifiziert haben.« Sigmund Freud (1921), Massenpsychologis und Ich-Analyse, G. W. XIII, S. 128.

[80] Angesichts der Millionen von Kriegsveteranen aus den Massenkriegen des 20. und des beginnenden 21. Jahrhunderts mit posttraumatischen Störun-

aber, auch der halbwegs »normal« funktionierende, bürokratisch-leidenschaftslose »Grausamkeitsarbeiter«, der nur seine Dienstpflichten zu erledigen scheint, ist nicht so »gewissenlos«, wie allgemein angenommen. Gleichwohl ist mit Reemtsma eine gewisse prädisponierende Schwäche des Über-Ichs und des Ichs als entgegenkommende Bereitschaft zur Unterwerfung unter das Führerprinzip anzunehmen. Bedingungsloser Befehlsgehorsam allerdings gehört wiederum selbst zu den klassischen Aufgaben des (wenn auch rigiden) Über-Ichs. Der Grausamkeitsarbeiter unterliegt gleichsam einem *paradoxen* Befehl: dem Zwang zur *Aufrechterhaltung* des gehorsamspflichtigen Über-Ichs im Dienste seiner *Suspendierung*. »Die psychische Repräsentanz der Kulturforderung, seinen Nächsten nicht zum Objekt der Realisierung des eigenen Grausamkeitspotentials zu machen, soll in den Dienst eben dieser Realisierung genommen werden.« (S. 257) Gewissenhaftigkeit ist auch ohne Gewissen und Moral möglich, was bedeutet, daß Über-Ich und Gewissen nicht identisch sind.[81]

Nach Reemtsma identifiziert sich (so absurd es zunächst klingen mag) das Ich, dem ursprünglich die innerpsychische Aggressivität des Über-Ichs als einer gnadenlos tyrannischen Instanz gegolten hat, mit dem äußeren Objekt (Aggressor), auf welches nun das zerstörerische Potential, bei gleichzeitiger Aufrechterhaltung eines zumindest partial intakten Über-Ichs, gerichtet werden kann. So komme es zu einer Legierung von Pflichterfüllung und extremer Grausamkeit, »die ja innerpsychisch in der Tat eine Eigenschaft des Über-Ichs ist« (S. 258). Gewissenhaftigkeit gepaart mit absoluter Skrupellosigkeit zeichnen somit den Grausamkeitsarbeiter aus. – Auch andere Terrorelemente, etwa bei angeordneter oder zumindest erlaubter Folter, lassen sich so für Reemtsma verständlich machen: die Steigerung der Aggression unter völliger Befreiung von Schuldvorwürfen, die Schaffung einer Atmosphäre universellen Zwangs sowie die grandiosen All-

---

gen (PTSD) sind an dieser These Zweifel anzumelden. Auch hier wird die Problematik einer unhinterfragten Verwendung des Etiketts »Normalität« deutlich.

[81] Dem entspricht Freuds Unterteilung der Funktionen des gesamten Über-Ichs in Selbstbeobachtung, Gewissen und Idealbildung.

machtsgefühle der Folterer im Triumph über ihre Opfer (»Wir sind für die Gott« – Herren über Leben und Tod). So nähern wir uns nicht nur von der *Trieb*seite (Mischungs- und Entmischungsvorgänge) und der *Objekt*seite (Objekte des Hasses und der Zerstörung), sondern auch von der Funktionsweise des Über-Ichs her erneut dem *Todestrieb* und seiner Geltung im unbewußten Wunsch, über uneingeschränkte Tötungsmacht zu verfügen, an.[82] Trotz aller Skepsis gegenüber Freuds später Fassung der Triebdualität, die keine schlüssigen Erklärungsmodelle liefert, klinisch-therapeutisch relativ unbrauchbar ist und eine Reihe neuer Fragen aufwirft, gilt: Die Tötungsmaschinerie von Auschwitz erscheint als die kollektive Entfesselung eines Todestriebs, der als sozial determiniertes *Prinzip*, nicht als ein biologisch verwurzelter Wunsch, sich selbst oder andere zu töten, begriffen werden muß. »Es könnte möglich sein, daß die Wirksamkeit des Todestriebes erst in der Dimension großer Massen sichtbar wird«, so lautet eine Vermutung Mitscherlichs, die in eine ähnliche Richtung weist.[83]

Die Individuen *können* einer kollektiven Entfesselung des Todestriebes durch mitgebrachte Dispositionen, Bereitschaften und die Fähigkeit zur umschichtenden, nachträglichen Regression bis zurück zu archaischen (primärprozeßhaften) Strukturen prinzipiell entgegenkommen (und viele haben das auch mehr oder weniger bereitwillig getan). Darin liegt der subjektive Anteil an der objektiven Gefahr ewiger Wiederholungen (von zerstörerischer Gewalt), dessen zwanghafter Charakter Freud ja überhaupt erst zur Entwicklung des Todestriebes als eines Prinzips der Auslöschung aller Bindungen im *Jenseits des Lustprinzips* geführt hat. Die Provokation der Todestrieb-Hypothese läßt sich nicht einfach durch Verweis auf ihren angeblichen Biologismus abweisen. Als spekulatives Konstrukt beruht sie auf der Erkenntnis jener Mechanismen, die es dem Individuum erlauben, endgültig einen von angstauslösenden Spannungen befreienden Schritt noch *hinter* die Herrschaft der Lebenstriebe, insbesondere hinter die Sexua-

---

[82] »Was nun im Über-Ich herrscht, ist wie eine Reinkarnation des Todestriebes (...).« Sigmund Freud (1923), Das ich und das Es, G. W. XIII, S. 319 f.
[83] Mitscherlich (Anm. 17), S. 176.

lität (aber auch hinter die elementaren Selbsterhaltungsinteressen) zu tun und damit gleichzeitig die Destruktivität, mit den bekannten grauenhaften Folgen, nach außen zu kehren. Das Modell der »Grausamkeitsarbeit« ist sozialpsychologisch und politisch so bedeutungsvoll, weil es sich um das (scheinbar) gelungene Muster einer radikalen und endgültigen Aufhebung jeglicher Bindungen an lebendige Objektstrukturen durch die Vernichtung der »Objekte« selbst handelt. Extreme Grausamkeitsarbeit, bei der bürokratische Arbeitsziele mit dem Töten und, nicht zu vergessen, mit sadistischer Quälerei verbunden werden, bis schließlich das Töten selbst zum Arbeitsziel wird, läßt in der real inszenierten Auslöschung aller Legierungen mit anderen Triebarten deutlich die Spur des Todestriebes als ein kulturimmanentes Prinzip erkennen.[84]

Die Metaphorik des Todestriebes faßt die Dialektik von Zivilisation und Barbarei in einer Form, in der die Quintessenz von Freuds *Unbehagen in der Kultur* auf ihren radikalen Kern gebracht wird. Für Reemtsma bedeutet das: »Die Opposition der Vorstellung, menschliche Grausamkeit widerspreche menschlicher Kultur und Zivilisation, sei ein ›Rückfall in die Barbarei‹, oder aber sei genau der Ertrag einer das Barbarische kultivierenden Zivilisation, die Grausamkeit sei das unzeitgemäß Archaische oder das zeitgemäß Moderne, verfehlen die Dialektik und Dynamik der Produktion von Grausamkeit. In der Grausamkeit verbündet sich die Zivilisation mit sich gegen sich. Die Grausamkeit ist die Ausbeutung des Unbehagens in der Kultur durch die Kultur zu ihrer eigenen Zerstörung.« (S. 259)[85] – Die Umwandlung von (sozialer) Angst in projektiven Haß ist eines der Hauptmittel dieser sich immer wiederholenden, systematischen Ausbeutung des Unbehagens an der Kultur unter destruktivem Vorzeichen. Wenn es nicht gelingt, die Verschränkungen zwischen politischem Wahn und subjektiver Grausamkeitsbereit-

---

[84] »Eichmann war dagegen von anderem Schlag. Er besorgte das Töten, wie man einen Supermarkt mit Ware versorgt. Bei dieser zweiten Form der Grausamkeit scheint die Spur des Todestriebes erkennbar zu werden.« Mitscherlich (Anm. 17), S. 189.

[85] Vgl. Mommsen (Anm. 77) und Dan Diner (Hg.), Zivilisationsbruch. Denken nach Auschwitz, Frankfurt am Main 1988.

schaft transparent zu machen und sich ihnen zu widersetzen, wird nach Freuds These über den Todestrieb die Macht alter (kollektiver) Erfahrungen, ohne sich des Vorbilds zu erinnern, nicht zu brechen sein.

Kerstin Freudiger

Die blockierte Aufarbeitung von NS-Verbrechen in der Bundesrepublik

I.

Als im Oktober des Jahres 1943 die fünfte US-Armee südlich von Neapel landet, räumt die Wehrmacht zwangsweise den Ort Caiazzo und brennt ihn nieder. Zwei Familien finden in einem Bauernhaus Zuflucht, das nur wenige hundert Meter vom Gefechtsstand der Deutschen entfernt liegt. Leutnant Wolfgang Lehnigk-Emden meint, aus dem Haus Lichtsignale in Richtung der amerikanischen Stellungen zu beobachten, nimmt in Begleitung von zwei Unteroffizieren die vier anwesenden Männer fest und läßt sie zusammen mit zwei oder drei Frauen, die ihren Männern folgen, auf dem Kompaniegefechtsstand erschießen. Danach kehrt er mit Soldaten seiner Einheit in das Haus zurück, um unter Einsatz von Handgranaten, Maschinenpistolen und Gewehren auch noch jene 15 Frauen und Kinder zu töten, die zurückgeblieben sind.[1]

Die Opfer von Caiazzo gehören zu den insgesamt rund 10.000[2] unbewaffneten Italienern, die ab Herbst 1943 von deutschen Wehrmachts- und SS-Angehörigen im Rahmen des sogenannten Partisanenkrieges getötet werden. Wie der Militärhistoriker

---

[1] Vgl. Hans Bader, »Caiazzo«, in: Betrifft JUSTIZ Nr. 43/1995, S. 121–125, S. 121.

[2] Vgl. Lutz Klinkhammer, »Morgengrauen in der Toskana: Worin unterschied sich die Kriegführung der Wehrmacht in Italien von der im Osten?«, in: Heribert Prantl (Hg.), Wehrmachtsverbrechen: Eine deutsche Kontroverse. Hamburg 1997, S. 206–214, S. 211.

Gerhard Schreiber belegen kann, gelten nach dem Kriegsaustritt Italiens im September 1943 auch dort die »Kampfanweisung für die Bandenbekämpfung im Osten« und der Führerbefehl »Bandenbekämpfung« vom 11. November bzw. 16. Dezember 1942.[3] Danach haben die Soldaten das Recht und die Pflicht, im Kampf selbst gegen Frauen und Kinder alle Mittel einzusetzen, wenn diese nur zum Erfolg führen. Ausdrücklich können Deutsche, die an »Unternehmungen gegen die Banditen oder ihre Verbündeten« teilnehmen, für Gewaltakte nicht verantwortlich gemacht werden.

45 Jahre nach dem Verbrechen von Caiazzo, im Jahr 1988, werden italienischen Staatsanwälten die Ergebnisse privater Nachforschungen vorgelegt. 1992 schließlich wird Wolfgang Lehnigk-Emden, der inzwischen als Architekt im rheinland-pfälzischen Ochtendung lebt, in deutsche Untersuchungshaft genommen und wegen Mordes angeklagt.

Am 18. Januar 1994 kommt das Landgericht Koblenz zu dem Ergebnis, daß die Erschießungen auf dem Gefechtsstand bei Caiazzo nicht Mord, sondern Totschlag gewesen und damit verjährt seien. Die anschließende 15fache Tötung im Bauernhaus wertet das Gericht zwar als Mord, stellt jedoch auch in dieser Hinsicht das Verfahren wegen Verjährung ein. Dieses Urteil wird am 01. März 1995 durch den Bundesgerichtshof bestätigt.[4]

In beiden Entscheidungen wird ein Urteil des BGH von 1969 herangezogen, das die Beschlüsse des Deutschen Bundestages zur Verjährung von NS-Mordverbrechen einschränkte, die von einem Stillstand der Rechtspflege bis Mai 1945 ausgegangen waren. Für ein Verbrechen aus der NS-Zeit, das erst nach dem 08. Mai 1945 bekannt wurde, gelte – so der BGH 1969 – die Verjährungshemmung nur dann, wenn sicher sei, daß die Verfolgung der Tat während der NS-Herrschaft an einem Eingreifen von hoher Hand gescheitert wäre.[5]

Was den Fall Caiazzo angeht, so steht für den BGH 1995 nicht fest, daß der 15fache Mord entsprechend dem Willen der NS-

---

[3] Vgl. Gerhard Schreiber, Deutsche Kriegsverbrechen in Italien: Täter, Opfer, Strafverfolgung, München 1996, S. 95 ff.
[4] BGH 01. 03. 1995, Az. 2 StR 331/94 (Urteilsausfertigung).
[5] BGH 29. 10. 1969, in: BGHSt. Bd. 23, S. 137.

Staats- und Parteiführung aus politischen oder rassischen Gründen nicht geahndet worden wäre, falls eine Strafverfolgungsbehörde vor 1945 davon erfahren hätte. Die 20jährige Verjährungsfrist sei somit im Juni 1968 abgelaufen.

Die Befehlslage, wie sie von Gerhard Schreiber und Lutz Klinkhammer als zweitem Sachverständigen zugrunde gelegt wird – und damit das explizite Verfolgungsverbot zum Zeitpunkt der Tat –, sieht der BGH nicht als erwiesen an. Die Ausführungen des Senats gipfeln in den Worten: »Die Tat des Angeklagten kann – auch im weitesten Sinne – nicht als Maßnahme im Zusammenhang mit der Bandenbekämpfung angesehen werden. Ebensowenig kann der Senat feststellen, daß Exzesse dieser Art von der Staats- und Parteiführung gedeckt worden wären.«[6]

Diese Entscheidung des Bundesgerichtshofes nimmt den Kontext, in dem das Verbrechen von Caiazzo verübt wurde, nicht zur Kenntnis.

II.

Was unterscheidet die Verbrechen an der Zivilbevölkerung, die Deutsche während des Zweiten Weltkrieges in Italien, Griechenland, Serbien und anderswo begingen, qualitativ von anderen Großverbrechen des Nationalsozialismus – vom Massenmord an den europäischen Juden, der sogenannten Euthanasie-Aktion und den NS-Justizverbrechen? Was verbindet sie mit dem Massenmord an sowjetischen Kriegsgefangenen?

Die Verbrechen an Zivilisten und die systematische Ermordung von sowjetischen Kriegsgefangenen waren untrennbar mit dem bestehenden Kriegszustand verbunden. Sie erfüllten in der Regel den Tatbestand des Kriegsverbrechens, weil sie die Gesetze und Gebräuche des Kriegsvölkerrechts verletzten: Kriegsgefangene waren durch das Genfer Abkommen über die Behandlung der Kriegsgefangenen vom 27. Juli 1929 geschützt, und die Verbrechen an Zivilisten stellten zumeist Vergeltungsaktionen für angebliche Partisanentätigkeit dar, die den Kriterien einer völkerrechtlich zulässigen Repressalie nicht entsprachen, also

---

[6] BGH 01.03.1995 (Anm. 4), S. 23.

rechtswidrig waren. Dadurch wurden die Verbrechen im Rahmen des Vernichtungskrieges auch nach innerstaatlichem, deutschem Strafrecht strafbar.

Gleichzeitig sind die genannten Tatkomplexe ihren Motiven nach aber auch den nationalsozialistischen Verbrechen zuzuordnen: Die Gesichtspunkte, nach denen sowjetische Kriegsgefangene »ausgesondert« wurden, entstammten offensichtlich dem nationalsozialistischen Vernichtungsprogramm. Und die Vergeltungsmaßnahmen an unschuldigen Zivilisten stellten nicht etwa eine zwingende militärische Reaktion auf die Probleme des Partisanenkrieges dar, wie die Vorgehensweise der italienischen Armee in Griechenland und Jugoslawien bis September 1943 beweist.[7]

Gerhard Schreiber zufolge zeigt das italienische Beispiel ebenso wie das griechische, daß »bei der Bestimmung der Wesensmerkmale deutscher Kriegführung und Besatzungsherrschaft, unbeschadet der Besonderheiten jedes einzelnen Kriegsschauplatzes und okkupierten Gebietes, in erster Linie fehlender Respekt vor nichtdeutschem Leben zu konstatieren ist«.[8]

Im Gegensatz zu den Verbrechen an Zivilisten und an sowjetischen Kriegsgefangenen handelt es sich beim Völkermord an den Juden, der sogenannten Euthanasie-Aktion und einem Großteil der Justizverbrechen ausschließlich um NS-Verbrechen. Sie waren an das Bestehen eines Kriegszustandes nicht gebunden, sondern wurden zum Teil schon vor Kriegsbeginn, zum Teil während des Krieges unter Ausnutzung der besonderen Umstände begangen. Ihre Bewertung kann allein nach innerstaatlichem Strafrecht erfolgen – völkerrechtliche Rechtfertigungsgründe wie die Repressalie greifen nicht.

Bei der Bewertung von NS-Verbrechen nach den Normen des deutschen Strafgesetzbuches standen vier strafrechtliche Argumentationsfiguren im Mittelpunkt. Dazu zählt zunächst der »Mord« mit den Teilnahmeformen Täterschaft und Beihilfe. Die vorsätzliche Tötung eines Menschen ist nach § 211 des Straf-

---

[7] Vgl. Mark Mazower, »Militärische Gewalt und nationalsozialistische Werte: Die Wehrmacht in Griechenland 1941 bis 1944", in: Hannes Heer/ Klaus Naumann (Hg.), Vernichtungskrieg. Verbrechen der Wehrmacht 1941–1944, Hamburg 1995, S. 157–190, S. 167.

[8] Vgl. G. Schreiber (Anm. 3), S. 10.

gesetzbuches dann ein »Mord«, wenn eines der dort genannten Kriterien erfüllt ist. Bei der Verfolgung von NS-Verbrechen spielten davon praktisch nur die Merkmale »Mordlust«, »niedrige Beweggründe«, »Heimtücke« und »Grausamkeit« eine Rolle. Sie bedurften der inhaltlichen Konkretisierung, die sich in erster Linie aus der Rechtsprechung des Bundesgerichtshofes ergab.

Die Abgrenzung zwischen Täterschaft und Beihilfe bei Mord bildete das größte Problem in NS-Verfahren und hatte für den Angeklagten weitreichende Folgen. Der als solcher eingestufte Täter bzw. Mörder war nach § 211 zu einer lebenslangen Freiheitsstrafe zu verurteilen, während die Strafe für den Gehilfen bis auf drei Jahre Freiheitsstrafe gemildert werden konnte.

Erheblich geringere Strafen als bei Mord in Täterschaft waren für den Angeklagten auch mit der Einordnung einer Tat als »Totschlag«, also ohne mordqualifizierende Merkmale begangene vorsätzliche Tötung, verbunden. Schwerwiegender ist jedoch, wie bereits der Fall Caiazzo gezeigt hat, daß Totschlags-Verbrechen aus der NS-Zeit bereits von 1960 an wegen Verjährung regelmäßig gar nicht mehr geahndet werden konnten, sofern die Frist nicht unterbrochen worden war. Viele Verfahren wurden bereits im Ermittlungsstadium eingestellt und die Beschuldigten blieben vollkommen straflos.

Straflosigkeit hatte schließlich auch die Berücksichtigung vorgeblich fehlenden Unrechtsbewußtseins der Angeklagten im Rahmen ihrer strafrechtlichen Schuld zur Folge, wobei die gesetzlichen Voraussetzungen hierfür in den verschiedenen Verbrechenskomplexen unterschiedlich waren.

Was nun die Anwendung der genannten Normen angeht, so zeigt eine exemplarische Analyse der Urteilspraxis westdeutscher Gerichte anhand der genannten strafrechtlichen Kategorien, daß Taten aus den verschiedenen Verbrechenskomplexen trotz vergleichbaren Sachverhalts unterschiedlich stark sanktioniert und die Beteiligten ungleich behandelt wurden.[9]

Ansätze eine rechtsstaatlich angemessenen Ahndung sind im Bereich der Verfolgung der Verbrechen an europäischen Juden

---

[9] Zum folgenden vgl. im einzelnen Kerstin Freudiger, Die juristische Aufarbeitung von NS-Verbrechen, Tübingen 2002.

festzustellen, also der Massenvernichtungsverbrechen in Lagern und durch Einsatzgruppen und der Deportationsverbrechen, die vom Schreibtisch aus verübt wurden. Nachdem NS-Gewalttaten gegen Angehörige alliierter Nationen 1950 in die Zuständigkeit deutscher Gerichte überführt worden waren, fanden 1950/51 die ersten Prozesse gegen einzelne Angeklagte statt. Die Großprozesse zu den Vernichtungslagern und Einsatzgruppen wurden jedoch erst vom Beginn der 60er Jahre an geführt.

Über den gesamten Zeitraum der Rechtsprechung, also bis in die 80er Jahre, wurden im Bereich der Verbrechen an Juden sowohl Verurteilungen wegen Täterschaft als auch solche wegen Beihilfe zum Mord ausgesprochen. Zudem erstreckte sich die justizielle Sanktionierung der sogenannten Endlösung sowohl auf die planenden als auch auf die ausführenden Ebenen der Mordorganisation.

Den Tatbestand des Mordes sahen die Gerichte hier durchgängig auch deswegen als erfüllt an, weil die Verbrechen an den europäischen Juden aus »niedrigen Beweggründen« im Sinne von § 211 Strafgesetzbuch, nämlich aus nationalsozialistischem Rassenhaß, begangen worden seien. Diese Bewertung nahm die Rechtsprechung unabhängig davon vor, ob dieser Rassenhaß zur Tatzeit von den Tätern als besonders verwerflich oder politisch-ideologisch gerechtfertigt angesehen worden war. Man rechnete ihnen also »niedrige Beweggründe« ungeachtet möglicher Rückwirkungsprobleme nachträglich zu.

Wenn sich im Bereich der Verbrechen an Juden jener Teil der Angeklagten, der an Schreibtischverbrechen beteiligt gewesen war, von Beginn an damit verteidigte, man habe das den deportierten jüdischen Menschen bevorstehende Schicksal nicht gekannt, sondern an deren »Arbeitseinsatz im Osten« geglaubt, dann handelt es sich hierbei um eine Variante des vorgeblich fehlenden Unrechtsbewußtseins. Der Versuch, über diese strafrechtliche Figur Straflosigkeit zu erlangen, blieb jedoch bei den Deportationsverbrechen trotz relativ günstiger gesetzlicher Voraussetzungen (§ 59 bzw. § 16 StGB) erfolglos – jedenfalls dann, wenn sie Gegenstand einer Hauptverhandlung wurden.

Allerdings tendierten die Gerichte zu einer Teil-Exkulpation der Angeklagten über deren Einstufung als Mord«gehilfen«. Ein

Großteil der Verantwortung für die Massenmorde in Vernichtungslagern und durch Einsatzgruppen wurde in den späteren Prozessen auf die NS-Führungsclique Hitler, Himmler, Göring und Heydrich verlagert, indem die Gerichte sie stereotyp als »Haupttäter« qualifizierten. Das quantitative Übergewicht der Verurteilungen wegen Beihilfe zum Mord gegenüber denen wegen Täterschaft ist in den einzelnen Teil-Kategorien unterschiedlich stark ausgeprägt: Bei den Massenvernichtungsverbrechen in Lagern stehen einer Verurteilung wegen Mordes jeweils ungefähr vier Verurteilungen wegen Beihilfe zum Mord gegenüber, bei den Schreibtischverbrechen im Rahmen der »Endlösung« beträgt die Relation etwa eins zu fünf und bei den Massenvernichtungsverbrechen durch Einsatzgruppen sogar eins zu zehn.

Im Zusammenhang mit der Abgrenzung von Täterschaft und Beihilfe bei Mord werden einer Entscheidung des Bundesgerichtshofes aus dem Jahr 1962, dem sogenannten Staschynskij-Urteil, vielfach fatale Auswirkungen auf die Rechtsprechung in Vernichtungslager- und Einsatzgruppen-Prozessen zugeschrieben.

Der BGH stufte 1962 einen ehemaligen sowjetischen Agenten, der in München eigenhändig, aber auf Befehl zwei ukrainische Exilpolitiker erschossen hatte, lediglich als »Gehilfen« des KGB-Chefs ein. Es bestehe, so das Gericht, kein hinreichender Grund, jene Menschen in der Beteiligungsform dem Taturheber oder willigen Befehlsempfänger gleichzusetzen, die Verbrechensbefehle mißbilligten, sie aber aus menschlicher Schwäche ausführten, weil sie den Mut zum Widerstand gegen die übermächtige Staatsautorität oder die Intelligenz zur wirksamen Ausflucht nicht aufbrächten.[10] Bestimmt wird in diesem Urteil jedoch zugleich, wer sich bei staatlich angeordnetem Mord nicht darauf berufen kann, nur Tatgehilfe seiner Auftraggeber zu sein: derjenige, der politischer Mordhetze willig nachgibt, der fremde verbrecherische Ziele zur Grundlage eigener Überzeugung und eigenen Handelns macht, der in seinem Einflußbereich dafür sorgt, daß solche Befehle rückhaltlos

---

[10] BGH 19.10.1962, in: BGHSt. Bd. 18, S. 87ff.

vollzogen werden oder der anderweitig einverständlichen Eifer zeigt.[11]

Urteilsanalysen ergeben, daß diese Entscheidung ihre problematischen Auswirkungen im Sinne der »Beihilfe-Rechtsprechung«, wie sie mit den umfangreichen NS-Prozessen deutlich sichtbar wurde, erst durch Einschränkungen und Umdeutungen der unteren Gerichte erhielt. Sie setzten in regional unterschiedlichen Varianten ab 1962 unter Berufung auf die scheinbar vom BGH vorgegebene Linie ihre bereits in den 50er und beginnenden 60er Jahren geübte Praxis fort. Diese Praxis bestand darin, Angeklagte auch bei eigenem Ermessensspielraum oder ihrem Einsatz für den »rückhaltlosen Vollzug« von Befehlen in der Regel nur wegen »Beihilfe« zum Mord zu verurteilen.

Zum entscheidenden Indiz für eine Verurteilung wegen Täterschaft entwickelte es sich stattdessen in der Urteilspraxis schon früh, daß der Angeklagte nachweislich ohne Befehl der Vorgesetzten oder über den Befehl hinaus Menschen getötet, also im Exzeß gehandelt hatte. Wegen seiner Beteiligung an den Massenmorden in Vernichtungslagern allein wurde – soweit ich es überblicke – kein Angeklagter als Mittäter verurteilt. Immer kamen noch einzelne Exzeßtaten hinzu, die sich allerdings in einigen Fällen zu hohen Zahlen summierten.

Ein anschauliches Beispiel für diesen Mechanismus und die Interpretationen unterer Gerichte sind die Urteile des Landgerichts Düsseldorf gegen den einstigen Lagerkommandanten von Treblinka, Kurt Franz, und den ehemaligen stellvertretenden Kommandanten des Lagers Majdanek, Hermann Hackmann.

Franz wird 1965 im großen Treblinka-Prozeß wegen gemeinschaftlichen Mordes an mindestens 300.000 Menschen, wegen Mordes in 35 Fällen und versuchten Mordes zu lebenslanger Haft verurteilt. Das Gericht bezieht sich ausdrücklich auf die Staschynskij-Entscheidung des BGH, ergänzt den dort aufgestellten Kriterienkatalog für die Feststellung von Täterschaft jedoch kaum merklich um einen entscheidenden Punkt: Täter sei, so das Landgericht Düsseldorf, wer »ein ihm befohlenes Verbrechen nicht nur ohne innere Hemmungen ausführt, sondern

---

[11] Vgl. ebd.

hierbei noch einen einverständlichen Eifer zeigt *und dabei sogar über das ihm Anbefohlene hinausgeht*, weil er Gefallen an dieser verbrecherischen Tätigkeit findet«[12]. Das Gericht verschiebt also die Grenze zur Täterschaft dorthin, wo jemand eigenmächtig über den Befehl hinaus tötet. Diese neue Definition trifft auf den Angeklagten Franz zu – er war im negativen Sinne das Musterbeispiel eines sadistischen Exzeßtäters. Hermann Hackmann dagegen, der in Majdanek u. a. eine Massenexekution von fleckfieberkranken Häftlingen leitete, wird 1981 nur wegen Beihilfe zum Mord zu zehn Jahren Freiheitsstrafe verurteilt.[13] Nach der Beweislage hatte er zwar im Sinne des BGH dafür gesorgt, daß verbrecherische Befehle rückhaltlos vollzogen werden, nicht aber über den Befehl hinausgehende Einzeltötungen begangen, wie es das Landgericht Düsseldorf für die Feststellung von Täterschaft fordert.

Im Gegensatz zu den Verbrechen an den europäischen Juden ist bei der Rechtsprechung zu den sogenannten Euthanasie-Verbrechen, also den Krankenmorden in deutschen Anstalten ab 1939, eine Milderung der Urteilspraxis im Zeitverlauf feststellbar. Da die Opfer der Anstaltsmorde vor allem Deutsche gewesen waren, fielen diese Taten bereits unmittelbar nach Kriegsende in die Zuständigkeit der deutschen Gerichtsbarkeit und wurden ab 1946 tatsächlich auch Gegenstand von Prozessen.

Ein Meinungsumschwung ist hier sowohl hinsichtlich der Abgrenzung von Täterschaft und Beihilfe bei Mord als auch in bezug auf die Anerkennung von Schuldausschließungsgründen festzustellen. Während vor 1948/49 einzelne »Euthanasie«-Ärztinnen und -Ärzte noch als Täter eingestuft wurden, verlagerten die Gerichte die Verantwortung für die Krankenmorde später über die verschiedenen Ebenen der Mordorganisation so lange nach oben, bis nur noch Hitler, der Leiter der »Kanzlei des Führers« Bouhler, Hitlers Begleitarzt Brandt und einige andere als Täter übrig blieben.

---

[12] LG Düsseldorf 03.09.1965, in: Christiaan Frederic Rüter (Hg.), Justiz und NS-Verbrechen, Sammlung deutscher Strafurteile wegen nationalsozialistischer Tötungsverbrechen 1945–1966, Amsterdam 1968 ff, Bd. XXII, S. 177.

[13] LG Düsseldorf 30.06.1981, Az. XVII–1/75 (S).

So spricht z. B. das Landgericht Berlin 1946 die Ärztin Dr. Wernicke des Mordes schuldig, die in der Anstalt Meseritz-Obrawalde Kranke zur Tötung ausgewählt, sich an den Tötungen jedoch nicht nachweislich beteiligt hatte.[14] Dagegen wird Dr. Weber, die das Krankenhaus und die sogenannte Kinderfachabteilung der Anstalt Kalmenhof geleitet, aber ebenfalls selbst nicht getötet hatte, 1947 in Frankfurt noch wegen Mordes, im Revisionsverfahren jedoch bereits 1948/49 nur noch wegen Beihilfe zum Mord verurteilt.[15]

Und während es das Frankfurter Gericht im Urteil gegen Dr. Weber und andere nicht als Entschuldigungsgrund anerkennt, daß die Angeklagten die Rechtswidrigkeit ihres Handelns zur Tatzeit angeblich nicht erkannt hatten, spricht das Landgericht Göttingen 1953 den Arzt Dr. Wenzel, der in der Anstalt Uchtspringe Kindern tödliche Spritzen verabreicht hatte, wegen eines sogenannten unverschuldeten Verbotsirrtums frei.[16]

Ab 1948/49 ist die strafrechtliche Aufarbeitung der »Euthanasie«-Aktion mithin als vollkommen unzureichend anzusehen.

Von einer offensichtlichen Sanktionsverweigerung der deutschen Justiz muß gar hinsichtlich der NS-Justizverbrechen gesprochen werden. Die erste Verurteilung eines Richters, der kurz vor Kriegsende in Regensburg ein Standgerichtsverfahren geleitet und zwei Männer zum Tode verurteilt hatte, fand erst 1948 vor dem Landgericht Weiden statt und blieb zugleich auch die letzte.[17]

In diesem Urteil setzt das Gericht für die Strafbarkeit des Angeklagten bereits den sogenannten direkten Vorsatz der Rechtsbeugung voraus, also das damalige Bewußtsein des Richters, ein unrechtmäßiges Urteil zu fällen. In den 50er und 60er Jahren wurde dieser »direkte Vorsatz« dann die scheinbar unüberwindbare rechtliche Hürde für die Verurteilung von NS-Richtern, an der 1968 sogar die Bestrafung des ehemaligen Beisitzers von Freisler am sogenannten Volksgerichtshof, Hans-Joachim Rehse, schei-

---

[14] LG Berlin 25.03.1946, in: Rüter (Anm. 12) Bd. I, S. 33 ff.
[15] LG Frankfurt/M. 30.01.1947, in: Rüter (Anm. 12), Bd. I, S. 223 ff; LG Frankfurt/M. 09.02.1949, in: Rüter (Anm. 12) Bd. IV, S. 47 ff.
[16] LG Göttingen 02.12.1953, in: Rüter (Anm. 12) Bd. XI, S. 735 ff.
[17] LG Weiden 19.02.1948, in: Rüter (Anm. 12) Bd. II, S. 235 ff.

terte.[18] Während der Nachweis eines »direkten Vorsatzes« 1948 noch keine größeren Probleme bereitet hatte, schien man in den 50er und 60er Jahren davon auszugehen, daß für die Feststellung des Vorsatzes bei einem ehemaligen NS-Richter ein umfangreiches Geständnis notwendig sei. Der Justiz mangelte es in dieser Zeit also offensichtlich nicht an der Möglichkeit des notwendigen Nachweises, sondern schlicht am Willen hierzu. Denn selbst wenn man für die Verurteilung eines Richters den direkten Vorsatz fordert – und nicht den bedingten Vorsatz, wie er in anderen Deliktskategorien gilt –, ist ein Schuldnachweis ohne Geständnis möglich, wie das Urteil gegen Schwarz zeigt.

In sachlich nicht zu rechtfertigender Weise und in Umkehrung der gesetzlichen Voraussetzungen wurde jedoch mögliche »Rechtsblindheit« zum exklusiven Schuldausschließungsgrund für NS-Richter entwickelt. Gleichzeitig setzten die Gerichte bei Denunziantinnen und Denunzianten, die an der Herbeiführung von rechtswidrigen Todesurteilen beteiligt gewesen waren, die Erkenntnis von deren Unrechtscharakter voraus, die sie den Richtern absprachen.[19] Die Überlegung, daß aber gerade Richtern ein Unrechtsbewußtsein in bezug auf willkürliche Urteile zugerechnet werden müsse, stellte der Bundesgerichtshof allenfalls im Zusammenhang mit einem ehemaligen DDR-Richter an.[20]

Den von Juristen begangenen NS-Justizverbrechen wies die westdeutsche Nachkriegsjustiz bei der Aufarbeitung des NS-Unrechts also eindeutig einen Sonderstatus zu. Als entscheidende Ursache für die weitgehende »Normalisierung« der NS-»Rechtsprechungspraxis« durch die Justiz kann angesehen werden, daß die Übernahme des NS-Justizpersonals in die westdeutsche Justiz nur so nachträglich legitimiert werden konnte. So betrug beispielsweise in Niedersachsen der Anteil von ehemaligen NSDAP-Mitgliedern unter den Richtern im Jahr 1948 80 bis 90%.[21] Der

---

[18] LG Berlin 06.12.1968, Az. Ks 1/67, teilweise abgedruckt in: Jörg Friedrich, Freispruch für die Nazi-Justiz: Die Urteile gegen NS-Richter seit 1948. Eine Dokumentation, Reinbek 1983, S. 458–460.
[19] Vgl. z. B. LG München II 27.11.1957, in: Rüter (Anm. 12) Bd. XIV, S. 443 ff.
[20] BGH 16.02.1960, in: NJW 1960, S. 975.
[21] Vgl. Helmut Kramer, »Entlastung als System: Zur strafrechtlichen Auf-

Bundesgerichtshof, der 1950 den Obersten Gerichtshof der Britischen Zone als höchste Revisionsinstanz ablöste, wurde ebenfalls zu etwa 80% mit ehemaligen NS-Richtern besetzt.[22] Seine Urteile prägten denn in den 50er und 60er Jahren auch wie in keinem anderen Komplex von NS-Verbrechen die Rechtsprechung zu den NS-Justizverbrechen. Sie sind ein wesentlicher Grund für die ausgebliebene Ahndung.

Was nun die Verbrechen an Zivilisten in den von Deutschland besetzten Ländern angeht, so wurden zwar die Massaker im französischen Oradour und im tschechischen Lidice, die im öffentlichen Bewußtsein der Deutschen noch am ehesten erhalten geblieben sind, von SS-Einheiten begangen. An unzähligen ähnlichen Taten waren jedoch – wie in meinem Eingangsbeispiel – deutsche Wehrmachtssoldaten maßgeblich beteiligt.

Da Verbrechen wie das in Caiazzo in unmittelbarem Zusammenhang mit dem Kriegsgeschehen standen, mußte – wie gesagt – im Verlauf der Strafverfolgung zunächst geklärt werden, ob völkerrechtliche Rechtfertigungsgründe gegeben sind oder ob ein Kriegsverbrechen vorliegt und die Tat damit nach deutschem Strafrecht strafbar ist. Im Fall Caiazzo entschied der Bundesgerichtshof, daß die Tötung der 15 Frauen und Kinder im Bauernhaus nicht als Tötung von Sühne- oder Repressalgefangenen gerechtfertigt, sondern als »Mord« aus niedrigen Beweggründen zu werten sei. Diese rechtliche Beurteilung eines Verbrechens an Zivilisten war jedoch eine Ausnahme, die nur dazu diente, die Verjährungsfrist nicht greifen zu lassen. Darauf wird später noch genauer einzugehen sein.

Die überwiegende Zahl der über 1.000 Ermittlungsverfahren[23], die deutsche Staatsanwaltschaften wegen Verbrechen an Zivilisten führten, wurden entweder mangels Beweises oder mit

---

arbeitung der Justiz und Verwaltungsverbrechen des Dritten Reiches.«, in: Martin Bennhold (Hg.), Spuren des Unrechts, Köln 1988, S. 101–130, S. 117.

[22] Vgl. Ingo Müller, Furchtbare Juristen: Die unbewältigte Vergangenheit unserer Justiz, München 1987, S. 253.

[23] Vgl. Alfred Streim, »Saubere Wehrmacht? Die Verfolgung von Kriegs- und NS-Verbrechen in der Bundesrepublik und in der DDR.«, in: H. Heer/K. Naumann (Anm. 7), S. 569–597, S. 579.

einer Kombination von völkerrechtlichen und strafrechtlichen Argumenten wegen Verjährung eingestellt: Es könne – so der verbreitete Tenor in Einstellungsbeschlüssen – dahingestellt bleiben, ob die sogenannten Sühnemaßnahmen völkerrechtswidrig gewesen seien oder nicht. Die Beschuldigten könnten, selbst dann nicht mehr bestraft werden, wenn die Taten dem Völkerrecht widersprächen, weil für mordqualifizierende Tatbestandsmerkmale keine Anhaltspunkte vorlägen und der Totschlag seit Mai 1960 verjährt sei.

Die strafrechtliche Komponente der Argumentation war deshalb so folgenschwer für die Aufarbeitung des gesamten Verbrechenskomplexes, weil Kriegsverbrechen an der Zivilbevölkerung besetzter Länder überhaupt erst in nennenswerter Zahl zu Ermittlungsverfahren führten, nachdem die »Zentrale Stelle zur Verfolgung von NS-Verbrechen« in Ludwigsburg 1959 ihre Arbeit aufgenommen hatte. Sie konnte Materialien in Zusammenhang mit solchen Verbrechen nach dem Legalitätsprinzip nicht unbeachtet lassen, auch wenn sie ausdrücklich nicht in ihre Zuständigkeit fielen.

Bei der Auswertung exemplarischer Einstellungsbeschlüsse ergeben sich in vielen Fällen allerdings durchaus Anhaltspunkte für eine grausame oder heimtückische Tatausführung und damit für Mord. Daher drängt sich der Eindruck auf, daß die Eingruppierung von Kriegsverbrechen als bereits verjährte Totschlagsverbrechen im Bereich der Verbrechen an Zivilisten von den Staatsanwaltschaften genutzt wurde, um aufwendige Verfahren gegen mögliche Verantwortliche aus den Reihen der ehemaligen Wehrmachtsangehörigen wegen Mordes Jahrzehnte nach den Taten zu vermeiden.

Auch im Fall Caiazzo wird ja die erste Tat, die Erschießung der sieben Personen auf dem Kompaniegefechtsstand, von Landgericht und Bundesgerichtshof als »Totschlag« bezeichnet, obwohl zumindest die Erschießung der drei Frauen einer eingehenderen Betrachtung bedurft hätte. Dies ist hier zwar kein ausreichender Grund für die Einstellung des Verfahrens, aber die erste Voraussetzung, um das anschließende Gemetzel im Bauernhaus aus seinem strafrechtlich relevanten Zusammenhang zu lösen.

Der zweite Schritt zur Straflosigkeit des Angeklagten Lehnigk-

Emden besteht darin, daß das Gericht die von zwei Sachverständigen dargestellte Befehlslage zur sogenannten Bandenbekämpfung als nicht erwiesen ansieht. Damit entfällt auch Hitlers Strafverfolgungsverbot für Taten in Zusammenhang mit der »Bandenbekämpfung« als Beweis dafür, daß die Verbrechen Lehnigk-Emdens während der NS-Zeit definitiv nicht verfolgt worden wären. Und schließlich weigert sich der BGH sogar, die »Bandenbekämpfung« überhaupt als Motiv für die Morde im Bauernhaus anzuerkennen. Sie seien aufgrund eines neuen Tatentschlusses erfolgt, und es gebe keine Anhaltspunkte dafür, daß der Angeklagte die Frauen und Kinder im Haus ebenfalls der Feindspionage oder als Mitläufer verdächtigte. Offen bleibt, was sonst den Leutnant in den Augen des Gerichts zu der zweiten Tat bewogen haben könnte – persönliche Motive im Sinne des BGH wie Geldgier, Eifersucht oder ähnliches wohl kaum. Wenn Lehnigk-Emden aber auf vermeintliche Lichtzeichen hin derart überreagierte, daß er sieben Menschen erschießen ließ, dann konnte er auch angenommen haben, daß unbewaffnete Frauen und Kinder auf diese Weise die deutschen Stellungen verraten könnten und er deshalb berechtigt sei, sie ebenfalls umzubringen. Für den BGH ist die Tat jedoch eine »individuelle Ausschreitung gegenüber der Zivilbevölkerung«[24], ein völlig unerklärlicher Exzeß. Daher wird das Verbrechen als Mord gewertet – und für verjährt erklärt, weil das Gericht den Beginn der Verjährungsfrist bereits im Jahr 1943 ansetzt. Angeblich wäre der Mord an Zivilisten damals im Falle seines Bekanntwerdens entgegen einem Befehl Hitlers von der NS-Justiz geahndet worden.

In den Prozessen, die sich mit den Massenverbrechen vor allem an jüdischen Menschen beschäftigten, wurden individuelle Exzesse ebenfalls häufig als Mord gewertet. Wie bereits gesagt, sahen sie die Gerichte jedoch darüber hinaus als Indiz dafür an, daß der Angeklagte auch die befohlenen Taten als Täter begangen hatte. Kein Richter ist in diesen Fällen auf den Gedanken gekommen, den Exzeß gewissermaßen vom »legitimierten« Mord abzukoppeln und jenseits einer zeitlichen Grenze nicht mehr zu

---

[24] BGH 01.03.1995 (Anm. 4), S. 24.

bestrafen, weil er auch während der NS-Zeit hätte verfolgt werden können.

Der entscheidende Grund hierfür scheint mir zu sein, daß beispielsweise die Exzeßtaten an KZ-Häftlingen zwar als befehlswidrig, aber doch im großen und ganzen als mit der nationalsozialistischen Vernichtungspolitik gegenüber bestimmten Bevölkerungsgruppen übereinstimmend eingeordnet wurden. Die Verbrechen an der Zivilbevölkerung in besetzten Ländern dagegen nahmen westdeutsche Staatsanwaltschaften und Gerichte offensichtlich nicht als nationalsozialistisch motivierte Verbrechen wahr, so daß es in ihren Augen zweifelhaft war, ob die Taten bis Mai 1945 bei Bekanntwerden nicht doch verfolgt worden wären.

Insgesamt wurden jene NS-Verbrechen von der westdeutschen Justiz tendenziell milde behandelt, an denen die bürgerlichen Führungsschichten wie Ärzteschaft, Justiz und Wehrmacht maßgeblich beteiligt gewesen waren. Die Beteiligung der Führungsschichten hatte zur Folge, daß die in der Strafrechtslehre entwickelten Formen der Ahndung oder Exkulpation eng mit dem jeweiligen politisch-gesellschaftlichen Kontext zusammenhingen. Damit verschlechterten sich die Bedingungen vor allem für die Ahndung der Euthanasie-, Justiz- und Kriegsverbrechen an Zivilisten etwa ab 1948 in dem Maße, wie die Funktionseliten des NS-Staates in die westdeutsche Gesellschaft eingegliedert wurden. Nachdem die alliierte Entnazifizierungspolitik gescheitert und jene Eliten in Justiz und Rechtslehre weitgehend wieder etabliert waren, die der NS-Diktatur teilweise aktiv gedient hatten, floß in die Bewertung des Handelns von »Euthanasie«-Ärztinnen und -Ärzten, von NS-Richtern und Wehrmachtsoffizieren zwangsläufig auch die Bewertung der eigenen Rolle im NS-Regime ein.

Die Ahndung der Verbrechen an Juden wurde von diesem Klimawandel dagegen weniger deutlich beeinflußt, da der Völkermord nicht überwiegend von Angehörigen der bürgerlichen Führungsschichten, sondern unter anderem mit starker Beteiligung der Lager-SS begangen worden war, die sich vor allem aus handwerklichen Berufen rekrutierte.

Hier wirkten sich die genannten »außerrechtlichen« Annahmen jedoch zum einen auf der Ebene der Teilnahmeform aus und trugen dazu bei, daß in eigentlich paradoxer Weise besonders auch jene Angeklagten zu »Gehilfen« bei der Massenvernichtung der Juden erklärt wurden, die einstmals Leitungsfunktionen ausgeübt hatten, z. B. als Juristen bei Einsatzkommandos oder Dienststellen der Deportation, als Ärzte in Lagern. Die Gerichte nutzten hier die sogenannte subjektive Theorie bei der Abgrenzung von Täterschaft und Beihilfe, um die äußere Einpassung in das NS-System auch bei einer NS-Karriere des Angeklagten strikt von dessen angeblich »anständiger« innerer Einstellung zu den nationalsozialistisch motivierten Massenverbrechen zu trennen. Die Gerichte vermuteten offenbar eine Identifikation mit dem NS-Regime vor allem bei Angeklagten aus jenen gesellschaftlichen Gruppen, die keine klassischen Angehörigen der Funktionseliten waren.

Die Identifikation des Angeklagten mit der NS-Ideologie spielte zum anderen ab 1968 im Bereich der Schreibtischverbrechen auch für die Strafbarkeit des Gehilfen eine Rolle. Denn nach einer marginal erscheinenden Änderung des § 50, Absatz 2 Strafgesetzbuch war Beihilfe zu NS-Mordverbrechen rückwirkend seit Mai 1960 verjährt, falls dem Gehilfen nicht nachzuweisen war, daß er aus eigenen »niedrigen Beweggründen« gehandelt oder aber die grausamen bzw. heimtückischen Umstände der Tatausführung gekannt hatte. Da sich die Gerichte nach der veränderten Rechtslage nun also auch bei den Gehilfen aus dem Bereich der Schreibtischverbrechen auf die Suche nach ihrer früheren Motivation begeben mußten, werden in den exemplarischen Urteilen bei einer relativ deutlich abgegrenzten Gruppe eine antisemitische Einstellung und damit eigene »niedrige Beweggründe« als erwiesen angesehen: bei den nicht juristisch ausgebildeten Angeklagten.[25]

III.

Abschließend ein Wort zu der gelegentlich vertretenen These, die Defizite bei der strafrechtlichen Aufarbeitung der NS-Vergan-

---

[25] Vgl. K. Freudiger (Anm. 9), S. 195 ff.

genheit seien vor allem auf ein »Versagen« des bundesdeutschen Gesetzgebers zurückzuführen.[26]

Richtig ist, daß es angesichts des Ausmaßes der NS-Verbrechen – und damit der Notwendigkeit einer »exemplarischen Strafverfolgung« – rückblickend sinnvoll gewesen wäre, wenn der Gesetzgeber die Auswahl dieser Exempel in einem Strafverfolgungs- bzw. Amnestiegesetz geregelt hätte. Ansätze zu einer solchen restriktiven Regelung enthielt erst die Beschränkung des Ermittlungsbereichs der »Zentralen Stelle« in Ludwigsburg im Jahr 1958. Bei der Suche nach noch verfolgbaren Tätern sollte sich die neue Behörde auf mit Befehlsgewalt ausgestattete Chargen einerseits und auf Befehlsempfänger, die besondere Grausamkeiten verübt hatten, andererseits konzentrieren.

Wenn jedoch dem Gesetzgeber vorgeworfen wird, er habe keine »Sondernormen« erlassen und damit der Justiz zugemutet, die NS-Verbrechen mit dem für diesen Verbrechenstyp ungeeigneten Strafgesetzbuch zu bewältigen[27], dann wird nach meiner Auffassung der Einfluß der Gesetzgebung auf eine Justiz überschätzt, die sich einer rechtsstaatlich angemessenen Ahndung zumindest teilweise verweigert. Die Rechtsprechung in NS-Verfahren entwickelte sich in bezug auf das Unrechtsbewußtsein der Angeklagten und in einigen anderen Bereichen vollkommen unabhängig von den gesetzlichen Voraussetzungen, so daß sich die Frage stellt, was »Sondernormen« an den Ursachen für diese bemerkenswerte Souveränität sowohl der unteren als auch der Revisionsgerichte geändert hätten. Für die Tendenz der partiellen oder vollständigen Exkulpation von NS-Staatsverbrechern, zu der es in der Rechtsprechung immerhin Alternativen gab, ist nicht allein, aber ganz wesentlich die Nachkriegsjustiz verantwortlich.

---

[26] Vgl. z. B. Ernst-Walter Hanack, »Zur Problematik der gerechten Bestrafung nationalsozialistischer Gewaltverbrecher.« In: JZ 1967, S. 297–303, S. 329; Christa Hoffmann, Stunden Null? Vergangenheitsbewältigung in Deutschland 1945 und 1989, Bonn 1992, S. 157/195.

[27] Vgl. E.-W. Hanack (Anm. 26), S. 297-299.

Jan Lohl

Gefühlserbschaften

Zur Sozialpsychologie der intergenerativen Weitergabe des NS-Erbes

> ...ich spürte, daß seine Nacht an die meine grenzte und daß seine mich umschließende Hand eine Komplizenschaft besiegelte, eine geteilte Schuld und die Wollust dieses Teilens, etwas Dunkles, Undeutliches...
> *François Emmanuel (2000)*[1]

> Anerkennung dessen, was war, ohne Feilschen
> *Alexander Mitscherlich (1960)*[2]

I. Einleitung

Den Begriff ›Gefühlserbschaft‹ erwähnt Freud in der Schrift *Totem und Tabu* eher beiläufig, um eine psychische Verbindung oder Ähnlichkeit zwischen Generationen zu bezeichnen.[3] Wenn ich diesen Terminus aufgreife, um der Frage nachzugehen, wie sich eine solche Ähnlichkeit zwischen der Täter- und Mitläufergeneration des Nationalsozialismus und ihren Kindern und Enkeln gestaltet, ist es dringlich, auf Folgendes hinzuweisen: Erst

---

[1] François Emmanuel (2000), Der Wert des Menschen. München, S. 44.
[2] Alexander Mitscherlich/Fred Mielke (1960), Medizin ohne Menschlichkeit. Dokumente des Nürnberger Ärzteprozesses. Frankfurt am Main, S. 11.
[3] Sigmund Freud (1912–1913), Totem und Tabu. In: G. W. Bd. 9, S. 191.

die jüngere Forschung fragt nach der Dynamik zwischen diesen Generationen und nimmt dabei z. T. auch Bezug auf Ergebnisse, die aus Psychoanalysen mit Nachkommen von Überlebenden der NS-Vernichtungspolitik hervorgegangen sind.[4] Hier wurde ein generationsübergreifendes Nachleben des Nationalsozialismus auf subjektiver Seite zuerst untersucht.[5] Der wichtige Hinweis, daß zwar die psychosozialen Mechanismen eines Generationentransfers bei Kindern und Enkeln auf der Opfer- und der Täterseite ähnlich sind, aber weder ihr Ursprung noch ihre Folgewirkungen, bedarf der Ergänzung: Die Gefahr der Blickrichtung der Untersuchung der intergenerativen Dynamik zwischen der Täter- und Mitläufergeneration und den beiden nachgeborenen Generationen besteht darin, die Fragen nach Schuld und Verantwortung auszublenden und damit die Unterscheidung von Opfern und Tätern des Nationalsozialismus zu verwischen. Bleibt diese historische Dimension der Moral unberücksichtigt, erscheint eine völlig andere Perspektive der intergenerativen Weitergabe, deren wissenschaftlicher Erklärungsgehalt nicht nur eingeschränkt, sondern verfälscht ist. Dies geschieht z. B. in der klinischen Studie *Nationalsozialismus in der zweiten Generation* von Anita Eckstaedt[6]: Aufgrund einer nicht ausreichenden Beachtung dieser Dimension wird die Entschuldung der Elterngeneration – der Täter- und Mitläufergeneration – als therapeutisches Ziel implizit nahegelegt.[7]

Die moralische Dimension und die Fragen nach historischer

---

[4] Vgl. Werner Bohleber (1997), Trauma, Identifizierung und historischer Kontext. Über die Notwendigkeit, die NS-Vergangenheit in den psychoanalytischen Deutungsprozeß einzubeziehen. In: Psyche, Jg. 51, S. 971 ff.; vgl. ders. (1998), Transgenerationelles Trauma, Identifizierung und Geschichtsbewußtsein. In: Jörn Rüsen/Jürgen Straub (Hg.) (1998), Die dunkle Spur der Vergangenheit. Psychoanalytische Zugänge zum Geschichtsbewußtsein. Erinnerung, Geschichte, Identität 2. Frankfurt am Main, S. 262.

[5] Vgl. Judith S. Kestenberg (1989), Neue Gedanken zur Transposition. Klinische, therapeutische und entwicklungsbedingte Betrachtungen. In: Jahrbuch der Psychoanalyse, Bd. 24, S. 163.

[6] Anita Eckstaedt (1989), Nationalsozialismus in der zweiten Generation. Psychoanalyse von Hörigkeitsverhältnissen. Frankfurt am Main.

[7] Vgl. Christian Schneider (1991), Rezension von Eckstaedt (1989). In: Psyche, Jg. 45, S. 372–376.

Schuld und Verantwortung müssen im Zentrum einer Auseinandersetzung mit der intergenerativen Weitergabe des NS-Erbes stehen, um nicht derart hochproblematische Ergebnisse zu produzieren. Möglicherweise sind diese selbst nicht frei von der Dynamik, die aufgeklärt werden soll.[8]
Die intergenerative Weitergabe des NS-Erbes begreife ich als einen psychosozialen Prozeß, der drei Generationen umfaßt und einen eindeutigen Ausgangspunkt hat: die lebensgeschichtliche Verstrickung der Täter- und Mitläufergeneration in den Nationalsozialismus und seine Verfolgungs- und Vernichtungspolitik. Eine Untersuchung des generationenübergreifenden Nachlebens des Nationalsozialismus, in der nicht zumindest in Ansätzen diesen Aspekten nachgegangen wird, bleibt unzureichend. Ihr entgeht der basale Entstehungszusammenhang einer NS-Gefühlserbschaft: die von vielen Angehörigen der Täter- und Mitläufergeneration nicht vollzogene Durcharbeitung ihrer emotionalen Beteiligung und Begeisterung am Nationalsozialismus und der daraus hervorgehende Mangel an moralischer Selbstreflektion.[9] Der an ihre Stelle tretende Versuch einer Abwehr der emotionalen

---

[8] »Wer sich der Geschichte des Nationalsozialismus (...) nähert, gerät, was immer er untersucht, in gleichsam familiäre Nähe zur Unmenschlichkeit. Um es zu pointieren: Seit dem Zivilisationsbruch gibt es keine ›unschuldigen‹ Biographien mehr.« Christian Schneider/Cordelia Stillke/Bernd Leineweber (1996), Das Erbe der Napola. Versuch einer Generationengeschichte des Nationalsozialismus. 2. Aufl. Hamburg 1997, S. 10. Jede Sozialforschung zum Nationalsozialismus, die von Kindern und Enkeln der Täter- und Mitläufergeneration betrieben wird, steht in der Gefahr, bestimmte Teile des untersuchten Materials auszublenden, umzudeuten, über- oder unterzubewerten. Das Paradigma, dieser Gefahr zu begegnen, sehen Schneider, Stillke und Leinweber in Devereuxs Methodenkritik, die das Gegenübertragungsgeschehen im Forschungsprozeß zum zentralen Gegenstand der Analyse macht. Vgl. ebd., S. 23 ff.; vgl. Cordelia Stillke (1998), Das Nachleben der Geschichte und die Nachträglichkeit des Forschers. Zur Dynamik der Gegenübertragung in einer generationengeschichtlichen Untersuchung ehemaliger nationalsozialistischer Eliteschüler und ihrer Nachkommen. Dissertation an der Fakultät für Geistes- und Sozialwissenschaften der Universität Hannover; vgl. Georges Devereux (1984), Angst und Methode in den Verhaltenswissenschaften. Frankfurt am Main.
[9] Vgl. Alexander und Margarete Mitscherlich (1967), Die Unfähigkeit zu trauern. Grundlagen kollektiven Verhaltens. 15. Auflage München 1998.

NS-Verstrickung zugunsten einer Entlastung von Schuldgefühlen und narzißtischer Kränkung markiert die psychodynamisch und psychosozial wirksame Ausgangssituation der intergenerativen Weitergabe eines NS-Erbes. Daher möchte ich diese Abwehrvorgänge zumindest bezüglich der Aspekte beleuchten, die eine Relevanz für eine NS-Gefühlserbschaft in den beiden nachgeborenen Generationen besitzen. Orientieren werde ich mich dabei zentral an dem Ansatz der *Unfähigkeit zu trauern*, mit dem Alexander und Margarete Mitscherlich 1967 eine mentalitätsgeschichtliche Konzeptualisierung der Täter- und Mitläufergeneration für die beiden Jahrzehnte nach der Befreiung vorgelegt haben.

Weiterführend werde ich die psychosozialen Mechanismen thematisieren, mit denen eine NS-Gefühlserbschaft im bewußten und unbewußten Seelenleben der zweiten und dritten Generation zustandekommt und deren Gestalt darlegen. Insbesondere gehe ich hierbei der Frage nach, ob eine NS-Gefühlserbschaft die Erinnerung der NS-Vergangenheit oder die Wahrnehmung der Täter- und Mitläufergeneration beeinträchtigt. Abschließend soll die Enkelgeneration berücksichtigt werden – insbesondere diejenige, die sich lebensgeschichtlich derzeit in der Adoleszenz oder Postadoleszenz befindet: Gibt es einen Zusammenhang von Intergenerativität und Rechtsextremismus?

II. Zur Erinnerung: Ausgangspunkt der intergenerativen Weitergabe eines NS-Erbes

Erinnert sei einleitend an eine bekannte Schilderung Hannah Arendts aus dem Jahre 1950. Arendt macht deutlich, daß eine Verleugnung der historischen Wirklichkeit des Nationalsozialismus und eine Verhinderung individueller Erinnerungstätigkeit, die den Ermordeten die Anerkennung verweigert, in den Jahren nach Kriegsende ein bestimmendes Kennzeichen der deutschen Öffentlichkeit war:

»Doch nirgends wird dieser Alptraum von Zerstörung und Schrecken weniger verspürt und nirgendwo wird weniger darüber gesprochen als in Deutschland. Überall fällt einem auf, daß es keine Reaktion auf das Geschehene gibt, aber es ist schwer zu sagen, ob es sich dabei um den Ausdruck einer echten Gefühlsunfähigkeit handelt. Inmitten der Ruinen schreiben die Deutschen einander Ansichtskarten von den Kirchen und Marktplätzen, den öffentlichen Gebäuden, die es gar nicht mehr gibt. Und die Gleichgültigkeit, mit der sie sich durch die Trümmerberge bewegen, findet ihre genaue Entsprechung darin, daß niemand um die Toten trauert; sie spiegelt sich in der Apathie wider, mit der sie auf das Schicksal der Flüchtlinge in ihrer Mitte reagieren oder vielmehr nicht reagieren. Dieser allgemeine Gefühlsmangel, auf jeden Fall aber die offene Herzlosigkeit, die manchmal mit billiger Rührseligkeit kaschiert wird, ist jedoch nur das auffälligste äußerliche Symptom einer tief verwurzelten, hartnäckigen und gelegentlich brutalen Weigerung, sich dem tatsächlich Geschehenen zu stellen und sich damit abzufinden.«[10]

Die Mitscherlichs arbeiten die psychischen Mechanismen der Erinnerungs-, Verantwortungs- und Schuldabwehr heraus, die sich hinter Arendts Beobachtungen einer emotionalen ›Vergangenheitsbewältigung‹, einer Derealisierung des Nationalsozialismus und einer Uneinfühlsamkeit gegenüber den Flüchtlingen, Überlebenden und Opfern der NS-Vernichtungspolitik verbergen. Sie beziehen sich dabei auf verschiedene psychoanalytische Konzepte und auf mehrere Einzelfalluntersuchungen. Zwei ihrer Ergebnisse haben eine unmittelbare Bedeutung für eine intergenerative Weitergabe des NS-Erbes:

1. Eine im Kollektiv vollzogene »Derealisierung des soeben noch wirklich gewesenen Dritten Reichs«[11] entblößt all jene Erinnerungen von ihren Affekten, die mit der eigenen »Begeisterung am Dritten Reich, mit der Idealisierung des Führers und seiner Lehre und natürlich mit direkt kriminellen Akten zu tun haben«.[12] Dadurch werden »alle Vorgänge, in die wir schuldhaft verflochten sind, (...) nicht im Nacherleben mit unserer Identität verknüpft«[13]: Die Vergangenheit »versinkt traumartig«.[14] Hierdurch wurde bei

---

[10] Hannah Arendt (1950), Besuch in Deutschland.. Die Nachwirkungen des Naziregimes. In: dies. (1986), Zur Zeit. Politische Essays. Berlin, S. 44.
[11] Mitscherlich und Mitscherlich (Anm. 9), S. 34.
[12] Ebd., S. 30.
[13] Ebd., S. 26.
[14] Ebd., S. 40.

vielen Angehörigen der Täter- und Mitläufergeneration ein auch in den Familien wirksames *Schweigen über die eigene Verstrickung in den Nationalsozialismus* produziert.[15]

2. Aufgrund dieser nicht vollzogenen Durcharbeitung der eigenen Verstrickung in den Nationalsozialismus und der psychischen Folgen der Niederlage wirken »unbewußt die alten Ideale weiter«.[16] *Damit bleibt der im Nationalsozialismus immens gesteigerte kollektive Narzißmus mit seinem destruktiven Potential unbewußt erhalten*[17]: Im Unbewußten bestehen die narzißtischen Phantasien, Wünsche und Objektrepräsentanzen fort, die mit der Lust an der selbstaufwertenden Zugehörigkeit zu der durch Hitler integrierten Volksgemeinschaft assoziiert sind. Diese unbewußte »nationale Eitelkeit« entfaltet während der Nachkriegsjahrzehnte eine psychosoziale Wirksamkeit in den Familien.[18]

Die Verknüpfung dieser beiden Aspekte möchte ich kurz erläutern, um den Begriff eines *narzißtischen Berührungstabus* darzulegen. Mit diesem Begriff soll der Vorgang bezeichnet werden, der ein Schweigen über die NS-Vergangenheit erzeugt, um die Potentialität des narzißtischen Gewinns über die Zugehörigkeit zu der nationalen Eigengruppe (nationalsozialistische Volksgemeinschaft) zumindest unbewußt zu erhalten.

Derealisierung der Vergangenheit ist *kein* psychosoziales Phänomen, das nach der so genannten, aber trügerischen ›Stunde

---

[15] Vgl. ebd., S. 69.
[16] Ebd., S. 83.
[17] Der kollektive Narzißmus als narzißtische Aufwertung des Subjekts über die psychische Partizipation an einer Eigengruppe – der nationalsozialistischen Volksgemeinschaft – verstärkt sich über die destruktive Abgrenzung und Zerstörung einer projektiv erzeugten Fremdgruppe – der Juden: »Die Eigengruppe (..) wird unversehens zum Guten; die Fremdgruppe, die Anderen schlecht.« Theodor W. Adorno (1965), Auf die Frage: Was ist deutsch? In: ders. (1969), Stichworte. Kritische Modelle 2. Frankfurt am Main, S. 102. Nationalismus läßt sich – kollektiv narzißtisch begriffen – nicht von der Zerstörung der sozialen Repräsentanzen des Fremden trennen.
[18] Theodor W. Adorno (1959), Was bedeutet: Aufarbeitung der Vergangenheit. In: ders. (1963), Eingriffe. Neun kritische Modelle. Frankfurt am Main, S. 135.

Null‹ in Erscheinung getreten ist – der Begriff weist auf eine Kontinuität hin: Die Externalisierung des Über-Ichs und seine Ersetzung durch ein kollektives Ideal[19] ermöglichte während des Nationalsozialismus eine »Wirklichkeitsumdeutung«, die die Irrationalität des Antisemitismus in die »Pseudo-Rationalität ›normaler‹ Zustände« verwandelte.[20] Die Derealisierung der NS-Vergangenheit in der Nachkriegsgesellschaft ist eine kontinuierliche Fortsetzung dieser Wirklichkeitsumdeutung.[21]

Als ursprünglich psychiatrischer Begriff bezeichnet Derealisierung ein »Fremdheitsgefühl« – also ein »Gefühl, bei dem Personen und Gegenstände um den Betreffenden eigentümlich, unwirklich, unreal erscheinen«.[22] Mit dem Begriff »Derealisierung

---

[19] Sigmund Freud (1921), Massenpsychologie und Ich-Analyse. In: G. W. Bd. 13, S. 71–162.

[20] Rolf Pohl (2000), Normalität und Massenpathologie – Ernst Simmel. In: Michael Buckmiller/Dietrich Heimann/Joachim Perels (Hg.) (2000), Judentum und politische Existenz. Siebzehn Portraits deutsch-jüdischer Intellektueller. Hannover, S. 268; S. 267.

[21] Vgl. Mitscherlich und Mitscherlich (Anm. 9), S. 40; vgl. Gabriele Rosenthal (Hg.) (1997), Der Holocaust im Leben von drei Generationen. Familien von Überlebenden der Shoah und von Nazi-Tätern. Gießen, S. 347; vgl. Ernst Simmel (1946), Antisemitismus und Massenpsychopathologie. In: ders. (Hg.) (1993), Antisemitismus. Frankfurt am Main, S. 62 ff. Die Bezeichnung der Derealisierung und des aus ihr hervorgehenden Schweigens als notwendige Bedingungen des Wiederaufbaus und der Demokratisierung ist daher als hochproblematisch anzusehen und möglicherweise selbst nicht frei von diesem Mechanismus. Vgl. Hermann Lübbe (1983), Der Nationalsozialismus im deutschen Nachkriegsbewußtsein. In: Historische Zeitschrift, Bd. 236, S. 579–599; vgl. Peter Reichel (2001), Vergangenheitsbewältigung in Deutschland. Die Auseinandersetzung mit der NS-Diktatur von 1945 bis heute. München, S. 37. Demokratien erfordern autonome Persönlichkeiten, die an politischer Partizipation interessiert sind – sie sind nicht auf Schweigen, sondern auf ein Klima kommunikativer Rationalität angewiesen.

[22] Uwe H. Peters (1997), Wörterbuch der Psychiatrie und medizinischen Psychologie. Augsburg, S. 121. »Die Derealisierung tritt gewöhnlich mit dem Phänomen der Depersonalisation auf, mit dem es eng zusammengehört. Das Gemeinsame beider Störungen wird (...) darin gesehen, daß die Kommunikation des Ichs mit der Außenwelt gestört ist und es daher von der Welt isoliert und abgeschieden ist. Phänomenologisch nahestehend sind mystische Versenkungserlebnisse, bei denen die Abgeschiedenheit von der Welt aber intendiert wird.« A. a. O. Hieran anknüpfend, ist Arendts Beschreibung der Deutschen, die wie ›Träumer‹ durch das zer-

der NS-Vergangenheit« ist demnach das Fremdwerden der eigenen Vergangenheit benannt, die deshalb in der individuellen Erinnerung nicht mehr als Teil des Identitätserlebens erscheint. Intrapsychisch ist die derealisierte Vergangenheit in Gestalt von isolierten – und nicht verdrängten – Erinnerungsspuren repräsentiert, die nur bedingt in bewußte Denk- und Erinnerungsvorgänge des Ichs integriert werden:

Das vergangene »Erlebnis ist (...) von seinen Affekten entblößt und seine assoziativen Beziehungen sind unterdrückt oder unterbrochen, so daß es wie isoliert dasteht und auch nicht im Verlauf der Denktätigkeit reproduziert wird. (...) Was so auseinandergehalten wird, ist gerade das, was assoziativ zusammengehört, die (..) Isolierung soll eine Garantie für die Unterbrechung des Zusammenhangs im Denken geben.«[23]

Durch die Derealisierung wird eine Trennung von historischem Wissen und Erinnerungstätigkeit bzw. von Denken und Erinnerung erreicht, die Schuldgefühle nicht abwehrt, sondern ihr bewußtes Entstehen von vornherein unterbindet.[24] Diese Trennung verhindert ein moralisches Verständnis der eigenen Begeisterung am »Dritten Reich« und der eigenen Idealisierung des »Führers« *auch* unter nachträglichen Bedingungen. Eine historische Einordnung der eigenen NS-Biographie im Angesicht der »Leichenberge in den Konzentrationslagern« und der »Nachricht über den millionenfachen Mord«[25] kommt in der Nachkriegsgesellschaft nicht zustande: In der Täter- und Mitläufergeneration entsteht ein »Bruch des vorgestellten kulturellen Kontinuums, in dem ein Individuum seine eigene Lebensgeschichte als Teil der Geschichte

---

störte Nachkriegsdeutschland wandelten, als äußerst treffend einzuschätzen.

[23] Sigmund Freud (1926), Hemmung, Symptom und Angst. In: G. W. Bd. 14, S. 151.

[24] Auf diesen Vorgang der Abspaltung von *bewußtseinsfähigen* Erinnerungen aus der bewußten Denktätigkeit des Ichs hat bereits Freud hingewiesen: »Das Vergessen von Eindrücken, Szenen, Erlebnissen reduziert sich zumeist auf eine ›Absperrung‹ derselben. Wenn der Patient von diesem ›Vergessenen‹ spricht, versäumt er selten, hinzuzufügen: Das habe ich eigentlich immer gewußt, nur nicht daran gedacht.« Sigmund Freud (1914b), Erinnern, Wiederholen und Durcharbeiten. In: G. W. Bd. 10, S. 127f.

[25] Mitscherlich und Mitscherlich (Anm. 9), S. 40.

selbst erleben und verorten kann«.[26] Durch die tabuisierte assoziative Beziehung von Geschichte und Lebensgeschichte, von historischem Wissen und Erinnerung, gehen die Erfahrungen und vor allem die Konsequenzen verloren, die aus der lebensgeschichtlichen Verstrickung in den Nationalsozialismus gezogen werden könnten: »die spezifisch an unsere nationale Gesellschaft ergehende Herausforderung, mit ihren darin offenbar gewordenen brutalaggressiven Tendenzen fertig zu werden«.[27] Die Derealisierung erspart das »politisch-psychologische Lernen«. »Virtuosen der Derealisierung bleiben stets die, die sie waren«, weil die Stimme ihres Gewissen nicht erwacht ist, sondern weiter geschwiegen hat.[28]

Dieser Anmerkung entsprechend fragen die Mitscherlichs zutreffend nach der Kontinuität psychischer Persönlichkeitsanteile, die unter massenpsychologischen Bedingungen im Nationalsozialismus gebildet wurden und nach deren Wirksamkeit in der Nachkriegsgesellschaft.[29] Folgendes Ergebnis wird dazu in der *Unfähigkeit zu trauern* vorgestellt: Hitler, der als kollektives Ideal die nationalsozialistische Volksgemeinschaft psychisch integrierte, existierte und wirkte als »eingekapseltes psychisches Introjekt«[30] im Unbewußten fort, *weil* die psychischen Folgen seines Todes und der Niederlage nicht durchgearbeitet wurden. Die Vermeidung dieser Durcharbeitung wehrte das Entstehen einer narzißtisch kränkenden Melancholie oder moderner: eines depressiven Zusammenbruchs ab, zu dem nach den Mitscher-

---

[26] Christian Schneider (1997b), Noch einmal »Geschichte und Psychologie«. Generationengeschichte als Modell psychohistorischer Forschung. Teil 1. In: Mittelweg 36, Jg. 6, H. 2, S. 88; vgl. ders. (1997a), Noch einmal »Geschichte und Psychologie«. Generationengeschichte als Modell psychohistorischer Forschung. Teil 2. In: Mittelweg 36, Jg. 6, H. 3, S. 45–56; vgl. ders. (1997c), Verstehen und Verschweigen. Schweigen und Protest. Über einige aktuelle Schwierigkeiten beim Umgang mit dem Erbe des Nationalsozialismus. In: Werkblatt, Nr. 39, S. 75–93.
[27] Mitscherlich und Mitscherlich (Anm. 9), S. 23.
[28] Helmut Dahmer (1990), Derealisierung und Wiederholung. In: Psyche, Jg. 44, S. 135; S. 133; vgl. a. a. O.; vgl. Eugen Kogon (1974), Der SS-Staat. Das System der deutschen Konzentrationslager. 18. Aufl. München, S. 406.
[29] Vgl. Mitscherlich und Mitscherlich (Anm. 9), S. 32.
[30] Ebd., S. 60.

lichs mit der Niederlage die psychosozialen Voraussetzungen bestanden. Eine melancholische Durcharbeitung der eigenen psychischen NS-Verstrickung würde »die Einfühlung in uns selbst erweitern, so daß wir uns in jenen Szenen wiedererkennen (...) in den 100, 500 oder 1000 Leichen vor uns lagen – Leichen von uns Getöteter. Das würde eine einfühlende, nachfühlende Anerkennung der Opfer lange nach den Schreckenszeiten bedeuten.«[31]

Die Vermeidung dieser erweiterten Selbsteinfühlung läßt die psychische Bindung an Hitler im Unbewußten fortbestehen und damit »unbewußt die alten Ideale« weiter wirken.[32] So bleiben die kollektiv-narzißtischen bzw. nationalistischen Größenphantasien, die dem Einzelnen *nur* im Rahmen seiner psychischen Einbindung in die nationalsozialistische Volksgemeinschaft realisierbar erschienen, mitsamt ihren brutal-aggressiven Tendenzen in der Nachkriegsgesellschaft unbewußt erhalten.[33] Mit diesem unbewußten kollektiven Narzißmus lebte die Organisationsform des nationalsozialistischen Kollektivs – die NS-Volksgemeinschaft – in der Nachkriegsgesellschaft auf subjektiver Seite weiter. Nach Adorno zeigt sich die psychodynamische Wirksamkeit des unbewußten kollektiven Narzißmus darin, daß er »darauf lauert, repariert zu werden, und nach allem greift, was *zunächst im Bewußtsein die Vergangenheit in Übereinstimmung mit den narzißtischen Wünschen bringt*, dann aber womöglich auch noch die Realität so model, daß jene Schädigung ungeschehen gemacht wird.«[34]

Damit ergibt sich folgender Zusammenhang: Nicht die Derealisierung der NS-Vergangenheit führt zum unbewußten Erhalt des kollektiven Narzißmus, sondern die unbewußte Wirksamkeit narzißtischer Wünsche ist »der unmittelbarste Anlaß der Derea-

---

[31] Ebd., S. 83.
[32] Ebd.
[33] Phantasien sind ein »imaginäres Szenarium, in dem das Subjekt anwesend ist und das in einer durch die Abwehrvorgänge mehr oder weniger entstellten Form die Erfüllung (...) eines unbewußten Wunsches darstellt.« Jean Laplanche/Jean-Bertrand Pontalis (1973), Das Vokabular der Psychoanalyse, 12. Aufl. Frankfurt am Main 1994, S. 388.
[34] Adorno (Anm. 18), S. 135 f.; Herv. v. mir, J. L.

lisierung«[35], die dann eine melancholische Erinnerungsarbeit verhindert.
Dieses Verhältnis läßt sich m. E. in folgendem Begriff eines narzißtischen Berührungstabus fassen: Ein narzißtisches Berührungstabu benennt den Versuch vieler Angehöriger der Täter- und Mitläufergeneration, ihre narzißtische Partizipation an der Volksgemeinschaft *nachträglich* in Übereinstimmung mit dem Wissen von der NS-Vernichtungspolitik zu bringen, um diese Möglichkeit der Selbstaufwertung zu erhalten.[36] Im Kern des narzißtischen Berührungstabus steht demnach der unbewußte Wunsch, die ins Ungemessene gehende kollektiv-narzißtische Aufwertung so wiederherzustellen wie im Nationalsozialismus. Um diese Wiederholung *psychisch* möglich erscheinen zu lassen, müssen die Niederlage und die Verbrechen des Nationalsozialismus in der Erinnerung des Subjekts *ungeschehen gemacht*[37] werden: Das narzißtische Berührungstabu reguliert die Erinnerung so, daß dem Subjekt jene Kategorie als schuldfrei erscheint, die erneut zum positiven Bezugspunkt des individuellen Narzißmus werden soll: das deutsche Volk, die deutsche Nation oder eben die nationalsozialistische Volksgemeinschaft.[38] Maßgebliches Ziel des narzißtischen Berührungstabus ist es, eine

---

[35] Mitscherlich und Mitscherlich (Anm. 9), S. 35.

[36] Die Fortexistenz des kollektiven Narzißmus wird vom Subjekt gewünscht, da er »über das unerträgliche Gefühl der eigenen Ohnmacht« in der sich restituierenden bürgerlichen Gesellschaft hinweg hilft. Theodor W. Adorno (1955), Schuld und Abwehr. Eine qualitative Analyse zum Gruppenexperiment. In: GS Bd. 9.2, S. 150. »Die narzißtischen Triebregungen der Einzelnen, denen die verhärtete Welt immer weniger Befriedigung verspricht und die doch ungemindert fortbestehen, solange die Zivilisation ihnen sonst so viel versagt, findet Ersatzbefriedigung in der Identifizierung mit dem Ganzen.« Adorno (Anm. 18), S. 134; vgl. auch Theodor W. Adorno (1961), Meinung Wahn Gesellschaft. In: ders. (Anm. 18), Frankfurt am Main, S. 165 ff.; vgl. Max Horkheimer (1936), Egoismus und Freiheitsbewegung. Zur Anthropologie des bürgerlichen Zeitalters. In: ders. (1968), Traditionelle und kritische Theorie. Vier Aufsätze. Frankfurt am Main, hier insbes.: S. 98; S. 101.

[37] Vgl. Freud (Anm. 23), S. 150.

[38] Daher ist die Abwehr der Kollektivschuldthese ein »Nervpunkt« der Derealisierung. Adorno (1955) (Anm. 36), S. 191; vgl. Norbert Frei (1996), Vergangenheitspolitik. Die Anfänge der Bundesrepublik und die NS-Vergangenheit. München, S. 399.

assoziative Berührung des unbewußten kollektiv-narzißtischen Wunsches mit der schuldvollen Erkenntnis eigener politischer und sozialer Mitverantwortung zu verhindern, indem die derealisierte Vergangenheit der Moral überhaupt keine Ansatzpunkte mehr bietet.[39] Die Vergangenheit wird derealisiert, damit der unbewußte Wunsch nach wiederhergestellter Aufwertung des eigenen Narzißmus über die Partizipation an einer Eigengruppe als *reiner* Wunsch erscheint. Rein ist dieser Wunsch, weil er nicht durch die Erfahrung beeinträchtigt wird, daß die eigene kollektiv-narzißtische Selbstaufwertung über die psychische Partizipation an der Volksgemeinschaft die NS-Verbrechen von subjektiver Seite her erst mit ermöglicht hat.

Dieses narzißtische Berührungstabu erzeugte bei vielen Angehörigen der Täter- und Mitläufergeneration eine psychodynamische und psychosoziale Wirkung, die in den Aufbau von Demokratie und Nachkriegsgesellschaft eingeflossen ist und sich in den Familien entfalten konnte.[40] Daher ist mit dem Begriff eines nar-

---

[39] Adorno zeigt anhand des empirischen Materials aus dem *Gruppenexperiment* in *Schuld und Abwehr*, daß Schuld infolge der Abwehr subjektiviert wird und ihren objektiven Gehalt verliert. Vgl. Adorno (1955) (Anm. 36), S. 173 ff.; vgl. Gruppenexperiment. Ein Studienbericht. Bearbeitet von Friedrich Pollock (1955). Frankfurt am Main. Dadurch sind die NS-Verbrechen einer objektiven Beurteilung nicht mehr zugänglich – sie sind relativiert: Schuldig sind nur die, die sich schuldig fühlen. Durch die Abwehrtechnik der Derealisierung wird die objektive Dimension von Schuld und Moral zum Verschwinden gebracht. Perels, der diese Technik bei Martin Walser und Tilmann Moser aufzeigt, schreibt:»Sobald Schuld nicht auch objektiven Gehalt besitzt, ist, wie in so vielen Gerichtsentscheidungen zur NS-Justiz, die schiefe Bahn zur Akzeptanz der Wert- und Rechtsvorstellungen der Nazizeit, auf die sich die Täter als der Grundlage ihres Gewissens berufen, betreten.« Joachim Perels (1996), Wider die ›Normalisiserung‹ des Nationalsozialismus: Interventionen gegen die Verdrängung. Hannover, S. 22; vgl. Tilmann Moser (1992), Die Unfähigkeit zu trauern: Hält die Diagnose einer Überprüfung stand? Zur psychischen Verarbeitung des Holocaust in der Bundesrepublik. In: Psyche, Jg. 46, S. 389–405; vgl. Martin Walser (1996), Die Geburt der Tragödie aus dem Geist des Gehorsams. In: FAZ vom 20.07.1996; vgl. ders. (1998), Erfahrungen beim Verfassen einer Sonntagsrede. In: Frank Schirrmacher (Hg.) (1999), Die Walser-Bubis-Debatte. Eine Dokumentation. Frankfurt am Main, S. 8–17.

[40] Vgl. Adorno (Anm. 18), S. 126; S. 129; vgl. Mitscherlich und Mitscherlich (Anm. 9), S. 19; S. 23.

zißtischen Berührungstabus nicht nur das Nachleben des Nationalsozialismus auf subjektiver Seite bezeichnet, sondern auch der Ausgangspunkt einer NS-Gefühlserbschaft benannt: Das narzißtische Berührungstabu ist für die nachgeborenen Generationen in ihren Familien als *Schweigen* über die NS-Verstrickung der Täter- und Mitläufergeneration erfahrbar.[41]

III. Zur Sozialpsychologie der intergenerativen Weitergabe eines NS-Erbes

1. Intergenerative Grundlegung einer NS-Gefühlserbschaft

Auf die besondere Macht des Schweigens im Generationenverhältnis weist ein Ergebnis der empirischen Studien hin, die der israelische Psychologe Bar-On zur intergenerativen Weitergabe des Traumas der Überlebenden und zu den Kindern der Täter durchgeführt hat: »Wir identifizieren drei Arten intergenerationeller Wirkfaktoren: Wirkung durch die ›erzählten‹ Geschichten, durch das faktische Verhalten und durch die ›nicht-erzählten‹ Geschichten. Der dritte Modus, der im Diskurs verborgen ist, hat u. E. die stärkste intergenerationelle Wirkung.«[42]

Wenn, wie Freud schreibt, das »*Ubw* eines Menschen mit Umgehung des *Bw* auf das *Ubw* eines anderen reagieren kann«[43], entfaltet das unbewußte Seelenleben der nachgeborenen Generationen trotz des Schweigens eine Wirkung auf das narzißtische Berührungstabu, das die ›nicht-erzählten Geschichten‹ der Täter- und Mitläufergeneration verbirgt. Die Annahme, daß das narzißtische Berührungstabu quasi-mechanisch eine NS-Gefühlserbschaft in die Psyche der Nachgeborenen einschreibt, ist allerdings unzureichend und wird dem Begriff *Intergenerativität* nicht gerecht.

Für die Überlegung, daß auch die Nachgeborenen die Dynamik zwischen den Generationen erzeugen, aus der dann eine

---

[41] Vgl. Mitscherlich und Mitscherlich (Anm. 9), S. 69.
[42] Dan Bar-On/Noga Gilad (1992), Auswirkungen des Holocausts auf drei Generationen. In: Psychosozial, Jg. 15, Heft 3, S. 20; vgl. Dan Bar-On (1993), Die Last des Schweigens. Gespräche mit Kindern von Nazi-Tätern. Frankfurt am Main.
[43] Sigmund Freud (1915), Das Unbewußte. In: G. W. Bd. 10, S. 293.

Gefühlserbschaft entsteht, gibt der Ansatz der Psychoanalytikerin Judith Kestenberg wichtige Anhaltspunkte. Kestenberg, die in der psychoanalytischen Praxis und theoretisch zur Generationenproblematik der Kinder von Überlebenden der NS-Vernichtungspolitik gearbeitet hat, wendet ihren Ansatz in der Schrift *Neue Gedanken zur Transposition* auf die Generationenproblematik von Kindern und Enkeln der Täter- und Mitläufergeneration an.[44] Möglich wird dies folgendermaßen: Kestenberg arbeitet heraus, daß ein intergenerativer Prozeß im Kontext eines »gewöhnlichen Entwicklungsphänomens« abläuft, während dessen sich Nachgeborene auf ihre Familiengeschichte beziehen.[45]

Nach Kestenbergs klinischen Beobachtungen bilden Kinder um das dritte und vierte Lebensjahr ein Gefühl für die Kontinuität von Vergangenheit, Gegenwart und Zukunft ihrer eigenen Existenz aus – ein Identitätsgefühl entwickelt sich. Hierbei entsteht – so Kestenbergs zentrale Überlegung – nicht nur ein Bedürfnis, sich durch Erzählungen der Eltern auf die eigene lebensgeschichtliche Vergangenheit in der frühen Kindheit zu beziehen, sondern auch auf die Vergangenheit der Eltern und Großeltern[46]: Befriedigt wird dieses Bedürfnis »durch Anekdoten, die die Mutter und der Vater über ihre eigene Vergangenheit und die des Kindes erzählen (...). Kinder [befragen] ihre Eltern über ihre Großeltern (...). In der Erforschung der Vergangenheit der Eltern, Großeltern, Ahnen und deren Kultur stellen die Kinder eine Familienkontinuität her, die ihnen ein Gefühl entsprechender Zugehörigkeit und entsprechender Identität gibt. Die Frage kommt auf: ›Zu wem gehöre ich?‹ In der Phantasie verändern die Kinder die Geschichte nach Belieben, wobei sie Kontrolle über eine Vergangenheit ausüben, die in der Realität nicht die ihre ist.« Kinder beginnen derart »mit der Erforschung der

---

[44] Kestenberg (Anm. 5).
[45] Ebd., S. 165.
[46] Die Furcht, in der Vergangenheit der frühen Kindheit »nicht zu existieren, unbelebt oder tot zu sein, bereitet den Kindern schlaflose Nächte«. Kestenberg (Anm. 5), S. 182. Nach der psychoanalytischen Entwicklungspsychologie ist die frühe Kindheit durch den primären Narzißmus charakterisiert – das Kind erlebt daher die Angst, die zentrale Quelle (regressiver) narzißtischer Befriedigungen und Phantasien zu verlieren.

Vergangenheit (..); dies stellt jedoch nur einen ersten Versuch dar«.[47]

An dieser Überlegung Kestenbergs lassen sich zwei zentrale Punkte für die intergenerative Grundlegung einer NS-Gefühlserbschaft verdeutlichen:

1. Eine NS-Gefühlserbschaft entsteht aus der Beziehung, die sich zwischen der nicht-erzählten NS-Familiengeschichte und dem infantilen Bedürfnis gestaltet, in diese verschwiegene Vergangenheit einzudringen. Mit dieser intergenerativen Dynamik werden Angehörige der beiden nachgeborenen Generationen nicht nur psychosozial in ihre Familie eingebunden, sondern auch in den psychodynamischen Umgang mit der NS-Familiengeschichte. Dies bedeutet, daß in Gestalt einer *nicht-rationalen und infantilen Erlebnisweise* in der Kindheit eine Berührung mit der derealisierten Vergangenheit der Täter- und Mitläufergeneration stattfindet, die als Grundlegung einer NS-Gefühlserbschaft anzusehen ist.

2. Für diese Grundlegung ist die Phantasieebene von zentraler Bedeutung, da sich »Kinder und Enkelkinder« – wie Kestenberg am klinischen Material herausarbeitet – über diese Ebene »in die Vergangenheit der Eltern bzw. Großeltern zurückversetzen«.[48] Wenn dieses imaginierte Szenarium der NS-Familiengeschichte jedoch nur den ersten Versuch darstellt, die Vergangenheit zu erforschen, wird es während der geschilderten innerfamiliären Dynamik *nicht* definitiv und unveränderbar festgelegt: Die Phantasien und Vorstellungen über die NS-Familiengeschichte differenzieren sich unter *nachträglichen* Bedingungen weiter aus oder werden vom Subjekt in einem außerfamiliären Raum umgeschrieben. Nach Erdheims Begriff eines historischen Bewußtseins[49] geschieht dies vor allem in der Ado-

---

[47] Ebd., S. 182 f.
[48] Ebd., S. 178.
[49] Vgl. Mario Erdheim (1982), Die gesellschaftliche Produktion von Unbewußtheit. Eine Einführung in den ethnopsychoanalytischen Prozeß.

leszenz.⁵⁰ Während dieser Lebensphase gerät das in der Familie imaginierte Szenarium der NS-Familiengeschichte in Beziehung zu der Erinnerungskultur jener kollektiven Vergangenheit, in der die Familiengeschichte verortet ist oder – wie im Fall der Derealisierung – eben nicht verortet ist.⁵¹

Entscheidend für die intergenerative Grundlegung einer NS-Gefühlserbschaft zwischen der nicht-erzählten NS-Vergangenheit und dem infantilen Bedürfnis, diese Vergangenheit zu erforschen, ist folgende klinische Beobachtung Kestenbergs: Durch das Schweigen wird das Bedürfnis der Kinder beeinträchtigt,

---

5. Aufl. Frankfurt am Main 1997, S. 338f.; S. 326f.; vgl. ders. (1998), Zur psychoanalytischen Konstruktion des historischen Bewußtseins. In: Rüsen/Straub (Anm. 4), S. 176. Mit dem Begriff historisches Bewußtsein bezeichne ich die Erfahrbarkeit der politischen, gesellschaftlichen und kulturellen Gegenwart als Ergebnis vergangener Ereignisse. Ein historisches Bewußtsein begründet auch die Gestaltung politischer, gesellschaftlicher und kultureller Zukunftsentwürfe und entsprechender Alternativen zur Gegenwart, in die biographische Zukunftsvorstellungen des Subjekts eingelassen sind.

⁵⁰ Vgl. Erdheim (1982) (Anm. 49), S. 294; vgl. ders. (1988a), Adoleszenz zwischen Familie und Kultur. In: ders. (1988b), Psychoanalyse und Unbewußtheit in der Kultur. 3. Aufl. Frankfurt am Main 1994, S. 197.

⁵¹ In der Schrift Totem und Tabu entwickelt Freud (Anm. 3) Ansätze zu einem Konzept, mit dem die Zerstörung individueller Erinnerungstätigkeit im Rahmen einer entfalteten Erinnerungskultur aufgezeigt werden kann. Mario Erdheim greift dieses Konzept mit dem Begriff ›totemistisches Erinnern‹ auf und überträgt es auf den erinnerungskulturellen Umgang mit der NS-Vergangenheit. Freuds und Erdheims Überlegungen werden z. B. in der Konzeption eines kulturellen Gedächtnisses (Assmann) wenig beachtet, könnten m. E. aber wichtige neue Aspekte für diese Diskussion ergeben: Mit dem Begriff ›totemistische Erinnerungskultur‹ kann eine intergenerativ mitbedingte Kontinuität des individuellen Nicht-Erinnerns der NS-Vergangenheit bei gleichzeitiger kollektiver Erinnerungstätigkeit im Kontext des Erhalts anachroner gesellschaftlicher Herrschaftsstrukturen beschrieben werden. Vgl. Erdheim, Mario (1990), Kultur der Erinnerung – Kultur des Vergessens. Über den Umgang mit Erinnern und Vergessen von Geschichte. In: Walter Leimgruber (Hg.) (1990), 1. 9. 39. Europäer erinnern sich an den Zweiten Weltkrieg. Zürich, S. 109–125; vgl. ders. (1993), »I hab manchmal furchtbare Träume... Man vergißts Gott sei Dank immer glei...« (Herr Karl). In: Meinrad Ziegler/Waltraud Kannonier-Finster (1993), Österreichisches Gedächtnis. Über Erinnern und Vergessen der NS-Vergangenheit. Wien/Köln/Weimar, S. 9–20.

»Gegenwart und Vergangenheit in Beziehung zu setzen und dabei nicht nur ihre eigene Vergangenheit, sondern auch die der Eltern mit einzubeziehen. Ein (..) Kind stellt Fragen über seine eigenen frühen Erlebnisse und die seiner Eltern (...). In dieser Phase wird ihm klar, daß bestimmte, mit der Vergangenheit seiner Eltern zusammenhängende Probleme nicht thematisiert werden dürfen.«[52]

Kestenberg nimmt weiter an, daß das infantile Bedürfnis, die elterliche und großelterliche Vergangenheit in die Entwicklung eines Identitätsgefühls mit einzubeziehen, als »Versuch, in die elterlichen Geheimnisse einzudringen« erscheint.[53] Dieser Versuch bedroht das »Bedürfnis nach narzißtischer Grandiosität der Eltern« bzw. Großeltern.[54] Der infantile Wunsch, sich auf die Familiengeschichte zu beziehen, ist daher als potentielle Verletzung des narzißtischen Berührungstabus zu begreifen.

In diesem Kontext wird die infantile Erlebnisweise des Schweigens bedeutsam, auf die Bohleber hinweist: »Obwohl im Schweigen an sich nichts Konkretes repräsentiert ist, wird darin dennoch etwas Abwesendes als massiv anwesend erfahren.«[55] Dies im Schweigen Anwesende sind nicht primär die nicht-erzählten Geschichten, sondern ist vor allem die elterliche Forderung nach einer kindlichen Loyalität gegenüber diesen nicht-erzählten Geschichten: Im Schweigen ist die Forderung anwesend, »zugunsten der libidinösen Besetzung der Primärobjekte eigene Wünsche (...) so zu modifizieren, daß sie akzeptabel erscheinen«.[56]

Damit kann als Grundlegung einer NS-Gefühlserbschaft Fol-

---

[52] Judith S. Kestenberg (1995), Überlebende Eltern und ihre Kinder. In: Martin S. Bergmann/Milton E. Jucovy/Judith S. Kestenberg (Hg.) (1998), Kinder der Opfer, Kinder der Täter. Psychoanalyse und Holocaust. Frankfurt am Main, S. 124; vgl. dazu das Beispiel in: Schneider/Stillke/Leineweber (Anm. 8), S. 197f.
[53] Kestenberg (Anm. 5), S. 172.
[54] Ebd., S. 177.
[55] Bohleber 1998 (Anm. 4), S. 260.
[56] Ellen Reinke (1993), Die Übermittlung von unbearbeiteten Traumen im Zusammenhang mit dem Nationalsozialismus 1933–1945. Interaktionsformen zwischen Eltern und Töchtern und deren Bedeutung für die weibliche Adoleszenz. In: Karin Flaake/Vera King (Hg.) (1993), Weibliche Adoleszenz. Zur Sozialisation junger Frauen. 2. Aufl. Frankfurt am Main, S. 132.

gendes angesehen werden: Aufgrund der libidinösen Besetzung der Eltern modifiziert das Kind infolge der im Schweigen anwesenden Loyalitätsforderung seinen Wunsch, die familiengeschichtliche Vergangenheit zu erforschen, so, daß bestimmte Probleme der elterlichen bzw. großelterlichen Vergangenheit nicht angesprochen werden. Simenauer, der zur Protestbewegung in der zweiten Generation gearbeitet hat, spricht diesbezüglich von einer »aus Analysen hervorgehenden Tatsache, daß sich im Seelenleben der Nachkommen (..) die gleichen Mechanismen finden« wie bei den Eltern. »Das Denken der Kinder wurde in bestimmte Bahnen gelenkt, der Trieb zur Nachahmung geweckt. Dafür lockte als Prämie die identifikatorische Teilhabe an vermeintlich großartigen Unternehmungen und Idealen« der Täter- und Mitläufergeneration.[57]

2. Zur Gestalt einer NS-Gefühlserbschaft: Anpassung an die Derealisierung, korrumpiertes Über-Ich und gespaltene Wahrnehmung der Täter- und Mitläufergeneration

Mit diesen Überlegungen lassen sich drei wesentliche Charakterzüge einer NS-Gefühlserbschaft aufzeigen:

Anpassung an die Derealisierung Indem die Kinder ihr Bedürfnis, die Vergangenheit zu erforschen, so modifizieren, daß es gegenüber den nicht-erzählten Geschichten loyal erscheint, identifizieren sie sich mit der narzißtischen Logik der Derealisierung: Entsprechend der Anpassung an diesen Umgang mit der NS-Vergangenheit wird – so verstehe ich Simenauer – die Thematisierung derealisierter Bereiche der NS-Vergangenheit zugunsten einer Teilhabe an der zukünftig erhofften narzißtischen Grandiosität der Täter- und Mitläufergeneration vermieden.[58] *Eine NS-Ge-*

---

[57] Erich Simenauer (1982), Die zweite Generation – danach. Die Wiederkehr der Verfolgermentalität in Psychoanalysen. In: ders. (1993), Wanderung zwischen den Kontinenten. Gesammelte Schriften zur Psychoanalyse. Stuttgart, S. 499.

[58] Vgl. Anm. 46. Wenn sich die Kinder nicht mit den Abwehrmanövern der Eltern identifizieren, droht im Erleben des Kindes – wie eine intensive entwicklungspsychologische Betrachtung des Kestenbergschen Ansatzes

fühlserbschaft bezeichnet die konformistische Partizipation der nachgeborenen Generationen am narzißtischen Berührungstabu. Der Umgang mit der NS-Vergangenheit und die Wahrnehmung der Täter- und Mitläufergeneration funktioniert in beiden nachgeborenen Generationen vielfach ebenfalls mit einer narzißtischen Regulation. Diese Regulation der Erinnerungstätigkeit entspricht dem Modus der ›Vergangenheitsbewältigung‹ der Großelterngeneration.

Korrumpiertes Über-Ich Aufgrund der narzißtischen Identifizierung mit der Derealisierung wird das Schweigen über das präödipale Ich-Ideal »in das Über-Ich der Kinder und Enkel aufgenommen«. Dieses Über-Ich führt dazu, daß die nachgeborenen Generationen die Eltern bzw. Großeltern in der vermiedenen moralischen Einordnung ihrer Lebensgeschichte in die kollektive Geschichte des Nationalsozialismus »nicht entlarven«.[59] Dieser Bruch von Lebensgeschichte und kollektiver Geschichte wird als Trennung von historischem Wissen und NS-Familiengeschichte durch die nachgeborenen Generationen aus ihrer *eigenen* Psychodynamik heraus aufrechterhalten – die »Bildung eines integeren Überich-Ichideal-Systems«[60] ist in den nachgeborenen Generationen korrumpiert: *Das korrumpierte Über-Ich wacht zugunsten narzißtischer Befriedigung und wider das Entstehen von Schuldgefühlen darüber*[61], *daß die Vergangenheit beschwiegen und derealisiert bleibt. Ein drohender Bruch des narzißtischen Berührungstabus – also ein*

---

zeigen könnte – der Verlust der Quelle narzißtischer Grandiosität im eigenen Leben – der primäre Narzißmus –, also die Existenz in der eigenen frühen lebensgeschichtlichen Vergangenheit. Vgl. Kestenberg (Anm. 5), S. 182. Die Identifizierung mit der Derealisierung der NS-Vergangenheit erscheint den Kindern demnach *möglicherweise* als in die Zukunft projizierte Erwartung, eine regressive – und daher besonders intensive – narzißtische Befriedigung zu erleben.

[59] Kestenberg (Anm. 5), S. 172.
[60] Lutz Rosenkötter (1979), Schatten der Zeitgeschichte auf psychoanalytischen Behandlungen. In: Psyche, Jg. 33, S. 1034; vgl. ders. (1981), Die Idealbildung in der Generationenfolge. In: Psyche, Jg. 35, S. 593–599.
[61] Vgl. Sigmund Freud (1914a), Zur Einführung des Narzißmus. In: G. W. Bd. 10, S. 162.

Bewußtsein, das Familienangehörige der Täter- und Mitläufergeneration als mitverantwortlich am Nationalsozialismus erkennt –, wird auch von den nachgeborenen Generationen als eigene narzißtische Kränkung oder beschuldigende Anklage erlebt und daher vermieden. Diese Fähigkeit, die moralische Entlarvung der Täter- und Mitläufergeneration selbst schuldvoll zu erleben, ist m. E. der wichtigste Aspekt einer NS-Gefühlserbschaft, da er die Schuld der ersten Generation als intensives Bindemittel zwischen den Generationen zeigt.

Ein Ergebnis der qualitativ-empirischen Untersuchung über die *NS-Geschichte als Sozialisationsfaktor und Identitätsballast der Enkelgeneration*, die Konrad Brendler 1997 mit 22 Jugendlichen durchgeführt hat, verdeutlicht, daß ein intergenerativ korrumpiertes Über-Ich auch bei Angehörigen der dritten Generation zu finden ist: Es »ist zu erkennen, daß die Enkelgeneration den Tätern, Mitläufern und Zuschauern der Massenmorde biographisch noch so nahe steht, daß sie auf die Tatsache der Verbrechen oft mit ähnlichen Abwehrimpulsen (...) reagiert, wie damals die Tätergeneration.«[62]

Gespaltene Wahrnehmung der Täter- u. Mitläufergeneration

Nach Bohleber »beschädigt das Schweigen über die Geschichte die Fähigkeit der Kinder, mit den Erfahrungen der Eltern auf einem Phantasielevel umgehen zu können«.[63]

Die Modifizierung des infantilen Versuchs, die Vergangenheit zu erforschen, setzt infolge der im Schweigen anwesenden Loyalitätsforderung an der von Kestenberg erwähnten Phantasiebildung über die NS-Familiengeschichte an: Das infantile Bedürfnis nach einer Erforschung der Vergangenheit wird modifiziert befriedigt, indem sich die nachgebore-

---

[62] Konrad Brendler (1997), Die NS-Geschichte als Sozialisationsfaktor und Identitätsballast der Enkelgeneration. In: Dan Bar-On/Konrad Brendler/ Paul A. Hare (Hg.) (1997), »Da ist etwas kaputtgegangen an den Wurzeln...«. Identitätsformation deutscher und israelischer Jugendlicher im Schatten des Holocaust. Frankfurt am Main, S. 54; vgl. ebd., S. 60.

[63] Werner Bohleber (1994), Autorität und Freiheit heute: Sind die 68er schuld am Rechtsextremismus? In: Psychosozial, Jg. 17, H. 2, S. 78.

nen Generationen mit einer *unbewußten* Phantasiebildung auf die nicht-erzählte NS-Familiengeschichte beziehen. Diese unbewußten Phantasien zeigen in beiden nachgeborenen Generationen ein ähnliches Bild, das nach Bohleber in seiner *Einheitlichkeit* generationenspezifisch ausdifferenziert ist. So enthält das unbewußt imaginierte NS-Szenarium in der dritten Generation »nur noch Bruchstücke oder Teile eines Mosaiks, während bei der zweiten Generation die Elemente, die aus nationalsozialistischer Gewalt, Vernichtung und Ideologie und Kriegsfolgen stammen, noch als einigermaßen einheitliches Bild zu rekonstruieren sind«.[64]

Trotz dieser generationenspezifischen Differenz ist die *psychodynamische* Stellung der unbewußten Phantasien in beiden Generationen identisch. Sie liegen – wie jede unbewußte Phantasie – an der Grenze von Wissen und Nicht-Wissen und sind daher als psychische Repräsentanz einer »möglicherweise tatsächlichen Geschichte der Eltern« bzw. Großeltern zu begreifen[65]: Unbewußt kann nach Kestenberg das »Schweigen als Beweis angesehen werden, daß sie [die Familienangehörigen der Täter- und Mitläufergeneration; J. L.] für die Verbrechen an den Juden, aber auch an den Polen, Russen, Griechen und auch an den Deutschen verantwortlich sind«.[66] In dem imaginativ gestalteten unbewußten Szenarium der NS-Vergangenheit sind die Eltern bzw. Großeltern in ihrer Mitverantwortung an nationalsozialistischer Gewalt, Vernichtung und Ideologie zu erkennen. Dieses unbewußte Bild erzeugt in beiden nachgeborenen

---

[64] Ders. (1990), Das Fortwirken des Nationalsozialismus in der zweiten und dritten Generation nach Auschwitz. In: Babylon, Jg. 6, H. 7, S. 82. Diese Bruchstückhaftigkeit entsteht, da die Enkelgeneration versucht, ihre Eltern über ihre Großeltern zu befragen (Kestenberg) und sich hierbei indirekt – durch das unbewußte NS-Szenarium der eigenen Eltern – auf die ›nicht-erzählten Geschichten‹ ihrer Großeltern und deren biographische Verstrickung in den Nationalsozialismus bezieht. Vgl. Freud (Anm. 3), S. 191.

[65] James Herzog (1996), Übermittlung eines Traumas: Unbewußte Phantasie und deren Auslösung durch die äußere Realität, mit besonderer Rücksicht auf den Holocaust. In: Psyche, Jg. 50, S. 558.

[66] Kestenberg (Anm. 5), S. 178.

Generationen eine Spaltung der Wahrnehmung der Täter- und Mitläufergeneration.

So spricht Schneider von einem »gespaltenen Elternbild« der zweiten Generation: »Es gab die Väter *und* die Täter« – beide sind als psychische Repräsentanzen nicht miteinander assoziiert.⁶⁷ Dies führt z. B., wie Schneider aufgrund von Interviews und Gruppendiskussionen mit Besuchern der Wehrmachtsausstellung zeigt, zu folgendem Phänomen: »Nahezu jeder meiner Generation [also der zweiten Generation, J. L.], der die Ausstellung aufsuchte, [hat] sie mit der *klammen Erwartung* betreten, (..) ob er nicht in den ausgestellten Exponaten ›zufällig‹ Angehörigen seiner persönlichen Geschichte begegnen würde.«⁶⁸

In der dritten Generation sind die Aussagen »Opa war kein Nazi«⁶⁹ oder »Opa gehörte bestimmt zu den Guten«⁷⁰ auf der Ebene des uneinheitlichen Täterbildes der Großeltern im Unbewußten nicht so eindeutig geklärt. Welzer spricht aufgrund seiner empirischen Arbeiten sogar von einem »Bedürfnis der Enkel, ihre Großeltern zu Helden des alltäglichen Widerstands zu machen«, um »keinerlei Zweifel daran aufkommen zu lassen, daß der Nationalsozialismus ein verbrecherisches System und der Holocaust ein maßstabsloses Verbrechen gewesen ist«.⁷¹ Vermutlich tun die Enkel dies jedoch auch, um die eigene Gefühlserbschaft zurückzuweisen, denn die moralische Entlarvung der Großeltern als NS-Täter und Mitläufer würde aufgrund des korrumpierten Über-Ichs selbst als schuldvolle narzißtische Kränkung erlebt werden.

---

⁶⁷ Christian Schneider (1998), Schuld als Generationenproblem. In: Mittelweg 36, Jg. 7, H. 4, S. 31.
⁶⁸ Ebd., S. 37; Herv. v. mir, J. L.
⁶⁹ Harald Welzer/Sabine Moller/Karoline Tschugnall (2002), »Opa war kein Nazi!«. Nationalsozialismus und Holocaust im Familiengedächtnis. Frankfurt am Main.
⁷⁰ FR vom 24. 11. 2000.
⁷¹ Harald Welzer (2001a), »Bei uns waren sie immer dagegen«. Wie im Familiengespräch aus Zuschauern und Tätern Helden des alltäglichen Widerstands wurden. In: FR vom 06. 01. 2001.

Mit der gespaltenen Wahrnehmung der Täter- und Mitläufergeneration wird eine Komplizenschaft zwischen den Generationen besiegelt: Die Derealisierung wird von den nachgeborenen Generationen fortgeschrieben. Es kommt – infolge der Gefühlserbschaft – kein Bewußtsein zustande, das die Identität der Lebensgeschichte der eigenen Eltern bzw. Großeltern mit der kollektiven Geschichte des Nationalsozialismus erkennt. Die Familienangehörigen der Täter- und Mitläufergeneration werden nicht als Täter, Mitläufer oder Zuschauer der systematischen Verfolgung und Vernichtung wahrgenommen.

Diese drei Punkte – die narzißtische Anpassung des eigenen Umgangs mit der NS-Vergangenheit an die Derealisierung; ein korrumpiertes Über-Ich, das die moralische Entlarvung der Täter- und Mitläufergeneration zum eigenen schuldvollen Erlebnis macht und die gespaltene Wahrnehmung der Täter- und Mitläufergeneration in fremde Täter und eigene Familienangehörige – verdeutlichen Folgendes: Die nachgeborenen Generationen bilden mit ihrer Gefühlserbschaft eine beschützende Beziehung zur derealisierten NS-Vergangenheit der Täter und Mitläufergeneration aus, die ihrer Modalität nach retentiver Art[72] ist. Ohne eine Durcharbeitung dieser im Unbewußten wurzelnden Beziehung, die in der zweiten Generation – auch in der Protestbewegung – vielfach nicht gelungen ist[73], kann die Mitverantwortung und Mitschuld der Großelterngeneration nicht frei von

---

[72] In den *Studien über Hysterie* findet sich der Begriff ›Retentionshysterie‹, der bezeichnet, daß die »Natur eines Traumas eine Reaktion ausschloß, wie beim unersetzlich scheinenden Verlust einer geliebten Person, oder *weil die sozialen Verhältnisse eine Reaktion unmöglich machten*, oder weil es sich um Dinge handelt, die der Kranke vergessen wollte.« Sigmund Freud/Josef Breuer (1895), Studien über Hysterie. In: Sigmund Freud, G. W. Bd. 1, S. 89; Herv. v. mir, J. L. Retention meint die Anwesenheit unbewußter Momente, die die Bildung von eigenen Erfahrungen, die mit den unbewußten Momenten zusammenhängen, nicht zuläßt.

[73] Vgl. Bohleber (Anm. 63), S. 80; vgl. Christian Schneider (1993), Jenseits der Schuld? Die Unfähigkeit zu trauern in der zweiten Generation. In: Psyche, Jg. 47, S. 765; vgl. Erich Simenauer (1982), Die zweite Generation – danach. Die Wiederkehr der Verfolgermentalität in Psychoanalysen. In: ders. (1993) (Anm. 57), S. 500.

dem Gefühl, selbst beschuldigt zu sein, wahrgenommen werden. Die unbewußten »Phantasien«, welche die eigenen Eltern bzw. Großeltern als mitverantwortlich am Nationalsozialismus und seinen Verbrechen zeigen, stellen daher in ihrer spezifischen Gestalt bei einem Angehörigen der zweiten und dritten Generation eine »unbewußte Untermauerung seiner Erinnerungsfähigkeit (...) dar«.[74]

Aufgrund der Gefühlserbschaft verhalten sich das Ich und das korrumpierte Über-Ich in beiden nachgeborenen Generationen zueinander ähnlich, wie die Mitscherlichs es für die Täter- und Mitläufergeneration postuliert haben: »Es hat noch keine Auseinandersetzung zwischen Über-Ich und kritischem Ich stattgefunden, durch welche sich das Individuum seine eigene Moral errichtet und an ihr sich kritisch mißt.«[75] Ohne die Errichtung einer solchen Moral – in Gestalt der Durcharbeitung des korrumpierten Über-Ichs – werden die mit den unbewußten Phantasien assoziierten Wahrnehmungs- und Erinnerungsvorgänge der NS-Vergangenheit nicht Teil eines Bewußtseins, das die Unausweichlichkeit der Schuld durch die millionenfache Negation des Tötungstabus anerkennt. In diese Schuld bleiben die nachgeborenen Generationen von subjektiver Seite her so lange verstrickt, wie sie versuchen, ihre eigene und selbst zu verantwortende Gefühlserbschaft zurückzuweisen, um der Schuld der Täter- und Mitläufergeneration zu entgehen.[76]

Eine offensive, nicht-abwehrende Form des Umgangs mit der eigenen NS-Gefühlserbschaft möchte ich abschließend anhand des jugendlichen Rechtsextremismus in der Enkelgeneration verdeutlichen.

---

[74] Herzog (Anm. 65), S. 559.
[75] Mitscherlich und Mitscherlich (Anm. 9), S. 60.
[76] Vgl. Bohleber (Anm. 64), S. 82; vgl. Schneider (Anm. 73), S. 765; S. 774; vgl. Angelika Ebrecht (1998), Über das Unheimliche im »rechten« Leben. Zur psychischen Funktion der Neuen Rechten für die politische Kultur der Bundesrepublik Deutschland. In: Emilio Modena (1998), Das Faschismus-Syndrom. Zur Psychoanalyse der Neuen Rechten in Europa. Gießen, S. 23.

IV. Ausblick: Intergenerativität und Rechtsextremismus in der Enkelgeneration

Auf die generationenspezifischen Aspekte eines NS-Erbes in der dritten Generation – die Bruchstückhaftigkeit des unbewußten Szenariums, in dem die Großeltern nur noch *uneinheitlich* als Täter und Mitläufer zu erkennen sind – habe ich bereits hingewiesen. Diese Uneinheitlichkeit des unbewußten Bildes gestaltet die Spaltung der Wahrnehmung der Täter- und Mitläufergeneration widersprüchlicher, inkohärenter und konflikthafter als in der zweiten Generation. Dadurch wird ein stärker verunsicherter und desorientierter psychischer Umgang mit der NS-Vergangenheit erzeugt.

»In dieser verwirrenden Situation, sich einer auferlegten Schuld stellen zu müssen, (...) hatten und haben die Beziehungen zu den Großeltern oft eine Entlastungsfunktion. Hier werden Angehörige der dritten Generation nicht mit moralischen Appellen traktiert oder dazu angehalten, sich zu etwas zu bekennen, das lange vor ihrer eigenen Lebenszeit geschehen war. Als Psychologen erleben wir eine seltsame Koalition der gemeinsam beteuerten Unschuld zwischen den Generationen. Wir erkennen Formen der Identifizierung mit den als gütigen Greisen erfahrenen Omas und Opas, die eine wichtige Rolle bei den rassistischen und fremdenfeindlichen Ausschreitungen spielen, die in den 90er Jahren wie eine Welle durch Deutschland liefen. Denn in diese Identifizierung mit den geliebten Großeltern gehen auch deren unbearbeitete, aus der Erfahrung des Nationalsozialismus stammenden nationalen Größenphantasien und rassistischen Vorstellungen mit ein« – also der unbewußte kollektive Narzißmus.[77]

Die von Schneider angedeutete Problematik einer Beziehung zwischen der ersten und der dritten Generation besteht darin, daß Großeltern und Jugendliche aus der Enkelgeneration sich in

---

[77] Schneider (Anm. 67), S. 39; vgl. die detailgenaue Einzelfallanalyse von Bergmann und Leggewie, in dieser Aspekt erscheint, aber nicht ausgewertet wird. Vgl. Jörg Bergmann/Claus Leggewie (1993), Die Täter sind unter uns. Beobachtungen aus der Mitte Deutschlands. In: Kursbuch. Deutsche Jugend, H. 113, S. 13, S. 18.

einem selbstentlastenden Geschichtsbild spiegeln, welches durch das narzißtische Berührungstabu bestimmt ist. Ein Geschichtsbild, in dem die Großeltern als Täter, Verfolger oder Mitläufer nicht mehr erscheinen, kann demnach bei Jugendlichen der Enkelgeneration zu einer Orientierung werden, wie mit dem uneinheitlichen unbewußten Bild von den Großeltern als Täter und Mitläufer umzugehen sei. Ein solches Geschichtsbild kann jedoch nicht nur bei den Großeltern, sondern eben auch in der rechten Szene erworben werden. Die identifikatorische Übernahme eines *nationalistischen* Geschichtsbildes, das den Krieg glorifiziert, deutsche Stärke und nationalen Glanz hervorhebt, kann zu einem selbstentlastenden Umgang mit der Gefühlserbschaft führen. Inowlocki – die zu den *Geschichtsbezügen im Mitgliedschaftsprozeß Jugendlicher in rechtsextremistischen Gruppen* qualitativ-empirisch gearbeitet hat – hebt dementsprechend Folgendes hervor: Das »Zustandekommen rechtfertigender Geschichtsvorstellungen« erscheint als »Lösungsmöglichkeit für problematische Aspekte der familiären (...) Identifizierungen«.[78] In solchen Geschichtsvorstellungen rechtsextremer Jugendlicher wird die in der Familie stattfindende Identifizierung mit der Derealisierung offensiv agiert:

»Es werden (...) Situationen hergestellt, in denen das heroische Opfersein zum Sinnbild des Kämpfers für Deutschland wird. Deutsche als Verfolger kommen in dieser Geschichte nicht vor. (...) *Während die Erfahrungsdarstellung der älteren Generation vor allem abwehrend gehalten ist, wird gruppenrethorisch mit diesem leicht anwendbaren Argument offensiv verfahren.* Eine Verantwortung für die Beteiligung am Nationalsozialismus muß so gar nicht bestritten werden, es werden vielmehr direkt ›Leid und Leistung der Kriegsgeneration‹ in den Vordergrund gestellt.«[79] Damit werden »die ausgeblendeten Inhalte der familiären und öffentlichen Erinnerung weder umgangen, noch direkt angegangen (...), da sie in der Gruppe eine *neue Bedeutung* erhalten. Es kann nun – in der direkten Verleugnung

---

[78] Lena Inowlocki (1990), Geschichtsbezüge im Mitgliedschaftsprozeß Jugendlicher in rechtsextremistischen Gruppen. Dissertation am Fachbereich Sozialwesen der Gesamthochschule Kassel, S. 218.

[79] Ebd., S. 217; Herv. v. mir, J. L.

oder Rechtfertigung – benannt werden, was sonst verschwiegen oder nur angedeutet wird. Das Benennen (...) produziert Gefühle der Macht und Überlegenheit der Gruppenmitglieder.«[80]

Aus der Perspektive der drei geschilderten Charakterzüge einer NS-Gefühlserbschaft lassen sich Inowlockis Ausführungen folgendermaßen verstehen: Durch die Übernahme und das Behaupten eines nationalistischen Geschichtsbildes wird das im Unbewußten bestehende *uneinheitliche* Szenarium der NS-Familiengeschichte zu einem *aggressiv agierten* falschen Bewußtsein der NS-Vergangenheit. Hier erscheint die Verantwortung der Großelterngeneration am Nationalsozialismus und seinen Verbrechen nicht mehr, so daß diese Verantwortung auch nicht mehr abgewehrt werden muß. Das familiengeschichtliche Szenarium kann gerade aufgrund seiner verunsichernden Uneinheitlichkeit in der Enkelgeneration in ein nationalistisches Geschichtsbild *integriert* werden. *Denn hier wird die Uneinheitlichkeit in eine eindeutige und einheitliche, aber die historische Wirklichkeit verfälschende Vorstellung über den Nationalsozialismus umformuliert.* Infolge der Integration entwickelt sich unter Bezugnahme auf die NS-Gefühlserbschaft eine Vorstellung von der NS-Vergangenheit, die die Täter- und Mitläufergeneration entlastet und *deswegen gleichzeitig* zur Entlastung der Enkel vom korrumpierten Über-Ich beiträgt.

Die Gefühle der Macht in der rechtsextremen *Gruppe*, von denen Inowlocki spricht, kommen zustande, da das Behaupten des nationalistischen Geschichtsbildes vom intergenerativ korrumpierten Über-Ich als kollektiv-narzißtische Befriedigung erlebt wird, *weil* die historische Schulddimension verschwindet. Rechtsextreme Jugendliche setzen aufgrund ihres generationenspezifischen NS-Erbes das narzißtische Berührungstabu offensiv um. Sie tragen damit zu der bewußten Reparation des unbewußten kollektiven Narzißmus bei, die sich die Großelterngeneration in der Nachkriegsgesellschaft gewünscht hat.

Durch die Übernahme und das Behaupten eines nationali-

---

[80] Ebd., S. 208; Herv. v. mir, J. L.; vgl. dies. (2000), Sich in die Geschichte hineinreden. Biographische Fallanalysen rechtsextremer Gruppenzugehörigkeit. Frankfurt am Main.

stischen Geschichtsbildes mit Hilfe der eigenen NS-Gefühlserbschaft *während*[81] einer rechtsextremen Karriere bekommt die Auschwitz-Lüge eine »zentrale Bedeutung (...) in den Begründungen des Aktivismus durch rechtsextremistische« Jugendliche.[82] Als Opfer des Nationalsozialismus erscheinen dann die Wehrmachtssoldaten oder die Großeltern als Opfer des Krieges. Die Opfer der systematischen Verfolgung und Vernichtung sind dadurch innerseelisch als rächende Verfolger assoziiert, die »in den ideologischen Verdrehungen (...) neuerlich verfolgt« werden.[83]

Diese Andeutungen zum Verhältnis von NS-Gefühlserbschaft und Rechtsextremismus zeigen nicht nur, daß die Vergangenheit *unabgeschlossen* ist, sondern weisen auch auf die gegenwärtige psychosoziale Wirkungsmacht dieser Unabgeschlossenheit hin. Vor der Annahme, daß eine Gefühlserbschaft ausschließlich im Rechtsextremismus erscheint, ist allerdings zu warnen: Adorno betrachtet bekanntlich das »Nachleben des Nationalsozialismus *in* der Demokratie als potentiell bedrohlicher denn das Nachleben faschistischer Tendenzen *gegen* die Demokratie«.[84] *Die NS-Gefühlserbschaft ist allgemeiner Besitz der nachgeborenen Generationen.* Pointiert gesagt: In der Enkelgeneration liegt ein intergeneratives Potential vor, daß beim *Zustandekommen* einer ›rechten Karriere‹ *in jedem Fall* zu dieser beiträgt. In Demokratie und Rechtsextremismus findet sich mit der Gefühlserbschaft ein gemeinsames Element, das abgewehrt oder offensiv verwendet wird: Demnach suchen »rechtsextreme Gruppen bzw. Kulturen den Bezug zu jener Vergangenheit (..), welchen der demokratische denkende Teil der Bevölkerung als schuldhaft los-

---

[81] Wenn Inowlocki schreibt, daß Jugendliche, die sich bereits in der rechten Szene befinden, erst durch »das Behaupten bestimmter geschichtlicher (...) Entwicklungen immer überzeugter von der Richtigkeit ihres Engagements wurden«, liegt die Annahme nahe, daß eine NS-Gefühlserbschaft nicht die Hinwendung zum Rechtsextremismus, sondern vor allem den Erfolg einer ›rechten Karriere‹ befördert. Inowlocki (Anm. 78), S. 58.
[82] Dies. (1992), Zum Mitgliedschaftsprozeß Jugendlicher in rechtsextremistischen Gruppen: Ergebnisse einer interpretativ-qualitativen Untersuchung. In: Psychosozial, Jg. 15, Heft 3, S. 56.
[83] Ebrecht (Anm. 76), S. 23.
[84] Adorno (Anm. 18), S. 126.

zuwerden wünscht«.⁸⁵ Eine Verbindung von demokratischer Kultur und Rechtsextremismus über ein generationsübergreifendes Nachleben des Nationalsozialismus anzunehmen, wirft die Frage nach dem Umgang mit nationalistischen und rassistischen Tendenzen auf: Beeinträchtigt die Gefühlserbschaft nicht nur die Erinnerung der NS-Vergangenheit, sondern trübt *gleichzeitig* die Wahrnehmung des gegenwärtigen Rechtsextremismus? Nach Ebrecht kann eine Gefühlserbschaft leicht dazu führen, daß sich das Gegenüber von rechtsextremen »Jugendlichen abwendet und sie psychisch wie sozial fallen läßt. Diese Haltung läßt sich auf einen intergenerativen Schuldkonflikt zurückführen, der nicht nur die Täter, sondern auch die Reaktionen (...) einer demokratischen Öffentlichkeit betrifft.«⁸⁶ Als intergenerativ motivierte Distanzierung von aggressivem Nationalismus und rassistischer Gewalt erlaubt diese Haltung es möglicherweise dann nicht mehr, die Verbindung zur eigenen NS-Gefühlserbschaft auszumachen. So ist durch die Rechtfertigung des Nationalsozialismus im Rechtsextremismus keine Sensibilisierung des ›demokratisch denkenden Teils der Bevölkerung‹ für eine kritische Erinnerung eingetreten. Viel eher sind nationale Bezüge wieder formulierbar geworden. Seit der deutschen Vereinigung kann eine Lockerung des Verhältnisses von Nationalsozialismus und Nation verstärkt beobachtet werden und ist als Schattenseite einer intergenerativ mitbedingten mangelnden Sensibilität gegenüber Rechtsextremismus zu begreifen. Ein geschärftes Differenzierungsvermögen, das diese Verbindung zum Eigenen erkennt, ist für eine Einschätzung des politischen und gesellschaftlichen Potentials des Rechtsextremismus unabdingbar.

Die *Eingebundenheit* in die *unabgeschlossene* NS-Vergangenheit zu berücksichtigen, hieße, in inneren Kontakt mit der *eigenen* Geschichte zu treten: Das Besondere an rassistischer Gewalt und aggressivem Nationalismus in Deutschland ist die unmittelbare – durch die Gefühlserbschaft eben auch intrapsychische – Konfrontation mit dem Nationalsozialismus und seinen Verbre-

---

[85] Ebrecht (Anm. 76), S. 26.
[86] Dies. (1996), Hunger nach Männlichkeit? Die intergenerative Vermittlung von Schuldgefühlen im Körperselbst und im Ichideal rechtsextremer Jugendlicher. In: Psychosozial, Jg. 19, H. 2, S. 30.

chen. In diesem Sinne könnte eine um Anerkennung und Durcharbeitung der Gefühlserbschaft bemühte kritische Erinnerung nicht nur eine Einfühlung in die aktuelle Situation derjenigen mit sich bringen, die von rechter Gewalt bedroht sind, sondern auch ein Bewußtsein kollektiver Verantwortung gegenüber Nationalismus, alltäglichem Rassismus und einer schuldneutralen nationalen Selbstthematisierung[87] stärken.

---

[87] Schneider (Anm. 73), S. 771.

Autoren:

Kerstin Freudiger, geb. 1971, Dr. phil., Referentin im Ministerbüro des Niedersächsischen Justizministeriums.

Jan Lohl, geb. 1972, Diplom-Sozialwissenschaftler, Doktorand und wissenschaftlicher Mitarbeiter am Psychologischen Institut der Universität Hannover.

Joachim Perels, geb. 1942, Dr. jur., Professor für Politische Wissenschaft an der Universität Hannover.

Rolf Pohl, geb. 1951, Dr. phil. habil., Hochschullehrer, z. Zt. Vertretung einer Professur am Psychologischen Institut der Universität Hannover.

Jason Weber, geb. 1968, Diplom-Sozialwissenschaftler, pädagogischer Mitarbeiter an der Deutschen Angestellten-Akademie, Lehrbeauftragter am Psychologischen Institut der Universität Hannover.

Irmtrud Wojak, geb. 1963, Dr. phil., stellvertr. Leiterin des Fritz Bauer Instituts, Frankfurt am Main.

Klaus Ahlheim
Geschöntes Leben
Eine deutsche Wissenschaftskarriere
ISBN 3-930345-24-2
92 Seiten, 12 €

Klaus Ahlheim beschreibt am Beispiel des Marburger Sozialethikers Dietrich von Oppen den Beginn einer Wissenschaftskarriere im NS-Staat und ihre erfolgreiche Fortsetzung nach 1945. Er zeigt, wie eine konsequent betriebene politische Mimikry und Schönung der eigenen Vita den sach- und wahrheitsgerechten Blick auf die Zeit vor 1945 bis heute verstellt. Und er macht deutlich, daß eine Kultur des Nicht-Wahrnehmens und Nicht-Wahrhaben-Wollens die Diskussion um die Rolle der Universität im Nationalsozialismus noch immer erschwert.

Der Autor:
Klaus Ahlheim, geb. 1942, Professor für Erziehungswissenschaft an der Gesamthochschule Essen, studierte und lehrte lange Jahre an der Philipps-Universität Marburg.

Sabine Moller
Die Entkonkretisierung der NS-Herrschaft in der Ära Kohl
Die Neue Wache – Das Denkmal für die ermordeten Juden Europas – Das Haus der Geschichte der Bundesrepublik Deutschland
Mit einem Vorwort von Joachim Perels
ISBN 3-930345-15-3
155 Seiten, 8,40 €

Dieses Buch setzt sich kritisch mit der Konfliktgeschichte der problemfernen Geschichtsdeutungen auseinander, die in den sinnstiftenden Großprojekten des Kanzlers Helmut Kohl verborgen sind. Schwerpunkte sind dabei die symbolische und historische Darstellung der Struktur des Nationalsozialismus und seiner Folgewirkungen nach 1945.

Anders als in rechtskonservativen Umdeutungen der NS-Herrschaft, die den Historikerstreit auslösten, verfolgten die Regierung Kohl und die mit ihr kooperierenden Historiker eine andere Linie: Das wirkliche Geschehen wird weder geleugnet noch anders bewertet. Es wird entkonkretisiert.

Entkonkretisierung bedeutet, daß die rohen Abstraktionen von Einzelfakten zwar festgehalten, aber aus einem Erkenntnis- und Bewertungszusammenhang herausgelöst und ästhetisch inszeniert werden. Der Blick auf das System, das Auschwitz hervorbrachte, wird durch einen tabellarischen Verstand ersetzt.

Durch die Entkonkretisierung der NS-Herrschaft und ihrer Folgewirkungen rückt das für Sinnstiftung sperrige gesellschaftliche Fundament des Hitler-Regimes ebenso aus dem Blick wie das Gewicht der traditionellen Eliten der Nazi-Diktatur im demokratischen Rechtsstaat.

Judentum und politische Existenz
Siebzehn Porträts deutsch-jüdischer Intellektueller
Herausgegeben von Michael Buckmiller, Dietrich Heimann und Joachim Perels
ISBN 3-930345-21-8
155 Seiten, geb. m. Schutzumschlag, 22 €

Gerade Juden haben die epochalen Antagonismen dieses Jahrhunderts maßgebend analysiert: die Konstellationen von Zivilisierung und Barbarei, von Autonomie und Massenpsychologie, vom gemeinsamen politischen Handeln und der Atomisierung des Einzelnen, von demokratischen Rechtspositionen und juristischer Unterdrückungstechnik, von biblischen Weisungen und herrenkirchlicher Weltlichkeit.

Die politische Existenz der Juden, die in diesem Band porträtiert werden, war prekär. Anerkennung, Ausgrenzung und Vernichtung war in Deutschland ihre Signatur. Einige der Intellektuellen wurden Opfer des völkischen Terrors oder töteten sich auf der Flucht vor den Schergen des Judenhasses. Im Denken der Verfemten sind die Erfahrungen, Erkenntnisse und Hoffnungen der Ermordeten in bestimmten Maße bewahrt.

Es werden porträtiert: Theodor W. Adorno, Hannah Arendt, Walter Benjamin, Ernst Bloch, Martin Buber, Norbert Elias, Ernst Fraenkel, Erich Fromm, Robert Raphael Geis, Max Horkheimer, Gustav Landauer, Theodor Lessing, Herbert Marcuse, Franz L. Neumann, Gershom Scholem, Werner Scholem, Ernst Simmel.

Wahrheitspolitik in Deutschland und Südafrika
Drei Pfade zur Aufarbeitung der Vergangenheit
Mit Beiträgen von Neville Alexander, Jutta Limbach, Joachim Gauck und einem Vorwort von Herbert Schmalstieg
ISBN 3-930345-27-7
101 Seiten, 9 €

»Kann eine öffentliche Verarbeitung der Vergangenheit zur Stabilisierung der Demokratie beitragen?« – dieser Frage stellten sich die Referenten der 3. Hannah-Arendt-Tage in Hannover.

Vor dem Hintergrund der Erfahrungen mit rassistischen und totalitären Regimes ist die Einsicht gewachsen, daß die Erinnerung und das Wissen um die Ursachen totaler Herrschaft ein Garant für den Fortbestand einer zivilisierten Gesellschaft ist.

Die unterschiedliche historische Praxis der Überwindung durch »Entnazifizierungs-« und »reeducation«-Maßnahmen, der Aktivitäten der »Gauck-Behörde« und die bisher einmalige Arbeit der südafrikanischen Wahrheitskommission zeigen die mannigfaltigen Schwierigkeiten des Übergangs und der Einübung in eine stabile Demokratie.

Die Autoren:
Prof. Dr. Jutta Limbach, Präsidentin des Bundesverfassungsgerichts. **Prof. Dr. Neville Alexander**, Professor für deutsche Literatur an der Universität Kapstadt und Berater des Bildungsministers; Widerstand gegen das Apartheim-Regime, jahrelange Haft auf Robben Island. **Dr. Joachim Gauck**, Theologe, erster Bundesbeauftragter für die Unterlagen des Staatssicherheitsdienstes der ehemaligen DDR. **Herbert Schmalstieg**, Oberbürgermeister der Stadt Hannover.

Opposition als Triebkraft der Demokratie
Bilanz und Perspektiven der zweiten Republik
Herausgegeben von Michael Buckmiller und Joachim Perels
ISBN 3-930345-13-7
566 Seiten, geb. m. Schutzumschlag, 24,90 €

Opposition als Triebkraft der Demokratie – diese Formel gibt die Richtung der Argumentation der Beiträge dieses Bandes an. Erst in einem schwierigen Prozeß der Auseinandersetzung mit tradierten autoritären Einstellungen und Interessen hat sich die vom Grundgesetz konstituierte zweite Demokratie herausgebildet; er ist bis heute nicht abgeschlossen.

Diese lebendige Aneignung der Demokratie wird von bestimmten Knotenpunkten nachgezeichnet und analysiert, von der Spiegel-Affäre bis zur Revolte von 1968 und den neuen Formen des gewaltlosen Protests. Großkonflikte führen heute überwiegend dazu, daß Demokratie in der praktischen Tätigkeit der Menschen, in ihren Lebensverhältnissen verankert wird. Die Konflikt- und Alternativefähigkeit der Gesellschaft ist gewachsen.

Die Voraussetzung für die politischen Emanzipationsschritte der zweiten Republik sind die verfassungsrechtlichen Garantien oppositioneller Praxis. Reflektiert wird freilich, daß eine emanzipatorische Funktion von Verfassungspositionen innere Gefahren birgt, wenn die selbständige Garantiefunktion des Normensystems ultrarevolutionär durch die reine politische Zwecksetzung aufgelöst wird. Die Reflexion dieser Gefahr ist Teil der Verteidigung der demokratischen Legalität.

Mit Beiträgen von M. Buckmiller, G. Schäfer, A. v. Brünneck, H. Hannover, J. Perels, F. Deppe, U. K. Preuß, W. D. Narr, R. Becker-Schmidt, G. A. Knapp, S. Raasch, H. Klenner u. a.

Rolf Pohl
Feindbild Frau
Männliche Sexualität, Gewalt und die Abwehr des Weiblichen
ISBN 3-930345-36-6
ca. 320 Seiten, geb. m. Schutzumschlag, 25 €, erscheint Dezember 2002

Sexuelle Gewalt ist männlich. Täglich konfrontieren uns die Medien mit Berichten über »normale« sexuelle Belästigungen, Vergewaltigungen oder gar Sexualmorde. Was sind die tieferen Ursachen für dieses Verhalten? Weiblichkeit wird von Männern unbewußt als Bedrohung erlebt und deshalb abgewehrt. Gängige Erklärungsversuche, die sexuelle Gewalthandlungen ausschließlich als Ausdruck männlicher Macht deuten und die Sexualität des Mannes unberücksichtigt lassen, greifen zu kurz.

Pohl verknüpft den Ursprung geschlechtsbezogener Gewalt mit der geschichtlich-gesellschaftlichen Entstehung und Entwicklung der männlichen Sexualität und ihrer phallisch-aggressiven Ausrichtung. Denn entscheidend sind nicht allein die Triebgrundlagen von Sexualität und Aggression, sondern ihre Bindung an das gemeinsame Objekt: die Frau. Die typisch männliche Gewaltbereitschaft entspringt einer aus Lust, Angst, Neid, Wut und Haß bestimmten unbewußten Einstellung zur Weiblichkeit.

Haß und Gewaltbereitschaft gegenüber Frauen ist auch als Ergebnis einer Leugnung und Abwehr der männlichen, auf den weiblichen Körper gerichteten Begierde zu verstehen. Die durch Frauen ausgelöste sexuelle Erregung bestätigt die Abhängigkeit des Mannes und entlarvt die im männlichen Autonomiewunsch enthaltene Idee vollkommener Beherrschung und Kontrolle als wahnhafte Illusion.

Reihe Diskussionbeiträge des Instituts für
Politische Wissenschaft der Universität Hannover
Hrsg. von M. Buckmiller / J. Perels / G. Schäfer

Band 28
Wahrheitspolitik
in Deutschland und Südafrika
Drei Pfade zur Aufarbeitung der Vergangenheit
Mit Beiträgen von Neville Alexander, Jutta Limbach und Joachim Gauck und einem Vorwort von Herbert Schmalstieg
ISBN 3-930345-27-7
101 Seiten, 9 €

Band 27
Erik Borg
Projekt Globalisierung
Soziale Kräfte im Konflikt um Hegemonie
ISBN 3-930345-26-9
140 Seiten, 9,40 €

Band 26
Kathrin Braun (Hrsg.)
»Life« is a battlefield
Aspekte der Bio-Macht
ISBN 3-930345-27-X
194 Seiten, 8,40 €

Band 25
Ralph Kulla
Revolutionärer Geist und republikanische Freiheit
Über die verdrängte Nähe von Hannah Arendt zu Rosa Luxemburg. Vorwort von Gert Schäfer.
ISBN 3-930345-16-1
125 Seiten, 8,40 €

Band 24
Sabine Moller
Die Entkonkretisierung der NS-Herrschaft in der Ära Kohl
Die Neue Wache – Das Denkmal für die ermordeten Juden Europas – Das Haus der Geschichte der Bundesrepublik Deutschland. Vorwort von Joachim Perels.
ISBN 3-930345-15-3
155 Seiten, 8,40 €

Band 23
S. Schmidt/M. Hawel (Hrsg.)
Vom Nutzen der Kritik
Perspektiven der Studierenden und ihrer Proteste
ISBN 3-930345-14-5
142 Seiten, 8,40 €

Band 22
Jürgen Seifert
Politik zwischen Destruktion und Gestaltung
Studien zur Veränderung von Politik
ISBN 3-930345-09-9
176 Seiten, 8,90 €

Band 21
Kerstin Freudiger
Selbstbestimmung der Frau und Verfassung
Die Auseinandersetzung um die Reform des § 218 StGB vor dem Bundesverfassungsgericht. Geleitwort von Joachim Perels.
ISBN 3-930345-04-8
158 Seiten, 8,40 €

Band 20
Peter Hilger
Aufbruch in die Bedeutungslosigkeit?
Zur Marginalisierung der Oppositionsgruppen in der DDR im Jahr der »Wende«
ISBN 3-930345-02-1
120 Seiten, 8,40 €